Opere di Alessandro Baricco:

Il genio in fuga. Sul teatro musicale di Rossini (Il Melangolo, 1988)
Castelli di rabbia (Rizzoli, 1991; Feltrinelli, 2007)
L'anima di Hegel e le mucche del Wisconsin (Garzanti, 1992; Feltrinelli, 2009)
Oceano mare (Rizzoli, 1993; Feltrinelli, 2007)
Novecento (Feltrinelli, 1994)
Barnum. Cronache dal Grande Show (Feltrinelli, 1995)
Seta (Rizzoli, 1996; Feltrinelli, 2008)
Barnum 2. Altre cronache dal Grande Show (Feltrinelli, 1998)
City (Rizzoli, 1999; Feltrinelli, 2007)
Senza sangue (Rizzoli, 2002; Feltrinelli, 2009)
Next. Piccolo libro sulla globalizzazione e sul mondo che verrà (Feltrinelli, 2002)
Omero, Iliade (Feltrinelli, 2004)
Questa storia (Fandango, 2005; Feltrinelli, 2007)
I barbari. Saggio sulla mutazione (Fandango, 2006; Feltrinelli, 2008)
Herman Melville. Tre scene da Moby Dick (Fandango, 2009)
Emmaus (Feltrinelli, 2009)
Mr Gwyn (Feltrinelli, 2011)
Tre volte all'alba (Feltrinelli, 2012)
Una certa idea di mondo (Gruppo Editoriale L'Espresso, 2012; Feltrinelli, 2013)
Palladium Lectures (2 dvd + libro; Feltrinelli, 2013)
Smith & Wesson (Feltrinelli, 2014)
La Sposa giovane (Feltrinelli, 2015)
Il nuovo Barnum (Feltrinelli, 2016)
Seta, edizione illustrata da Rébecca Dautremer (Feltrinelli, 2016)

ALESSANDRO BARICCO
Una certa idea di mondo

UNA CERTA IDEA DI MONDO
© 2012 Alessandro Baricco
All rights reserved

© Giangiacomo Feltrinelli Editore Milano
Prima edizione nell'"Universale Economica" aprile 2013
Quarta edizione marzo 2017

Stampa Nuovo Istituto Italiano d'Arti Grafiche - BG

ISBN 978-88-07-88169-5

www.feltrinellieditore.it
Libri in uscita, interviste, reading,
commenti e percorsi di lettura.
Aggiornamenti quotidiani

Una certa idea di mondo

Prologo

Dieci anni fa ho cambiato città. E fin qui, chi se ne frega. Solo che cambiando città ho lasciato nella vecchia tutti i libri che avevo letto, e sono entrato in una casa in cui non c'era un libro mio. Quindi adesso, lì dentro, ci sono dieci anni di libri miei, gli ultimi dieci anni: li tengo uno di fianco all'altro, non in ordine alfabetico o per tipologia, ma nell'ordine in cui li ho aperti (un sistema, tra l'altro, che consiglio: le sere che ti annoi, passi a guardare i dorsi e, se hai voglia, è come ripercorrere pezzi della tua vita, basta lasciare che il gusto dei giorni in cui li hai tenuti in mano ritorni su: e lo fa, eccome se lo fa). Questa è la ragione per cui sono in grado di dire, con una certa esattezza, quali sono i migliori cinquanta libri che ho letto negli ultimi dieci anni. Un tantino più difficile è spiegare come mai ho deciso di dedicare a ognuno di loro un articolo, passandone uno alla settimana, per un anno, ogni domenica.

Perché li leggano anche altri, direi. E già basterebbe. Ma c'è dell'altro. Intanto mi va di parlare di libri, in un momento in cui non sembra più così importante dirsi quali sono belli e quali no, litigarne un po', pronunciarsi. Più facile che lo si faccia coi film, o con la politica. Eppure i libri sono ancora lì, a migliaia, e continuano a declinare una civiltà di piaceri pazienti che in modo piuttosto silenzioso collabora a ridisegnare l'intelligenza e la fantasia collettive. Tutto quel che si può fare per dare evidenza a una simile liturgia mite, lo si deve fare. E allora eccomi qui a fare la mia parte.

Ma c'è anche, alla fine, un'altra ragione, perfino più importante, almeno per me. Ho cercato di riassumerla nel titolo di questo progetto lungo un anno. *Una certa idea di mondo*. Il fatto è che mi riesce sempre più difficile dire cosa vedo quando mi guardo intorno, e perfino il concentrarsi su un particolare spicchio di questo gran spettacolo non sembra portare molto lontano: si finisce per impelagarsi in tecnicismi che magari mettono a fuoco il dettaglio, ma perdono la mappa complessiva, l'unica che conta davvero. D'altra parte, come si fa a stare zitti, con tutto quel che accade intorno, e soprattutto se ti guadagni il pane lavorando con l'intelligenza e il gusto? È un lusso che non ci si può permettere. Alla fine mi son ricordato di una cosa che ho imparato dai vecchi: falli parlare di quello che veramente conoscono e amano, e capirai cosa pensano del mondo. (Chiedigli come si immaginano il Paradiso, se vuoi capire cosa pensano della vita: non so più chi l'ha detta, ma è vera.) Io di cose che conosco davvero, e amo senza smettere mai, ne ho due o tre. Una è i libri. Mi è venuta un giorno questa idea: che se solo mi fossi messo lì a parlare di loro, prendendone uno per volta, solo quelli belli, senza smettere per un po' – be', ne sarebbe venuta fuori innanzitutto una certa idea di mondo. C'erano buone possibilità che fosse la mia.

Dunque eccoci qua. Vorrei solo puntualizzare che ci sarà di tutto, romanzi, saggi, fumetti, libri appena usciti, testi forse già spariti dal Catalogo: purché abbiano forma di libro. E vorrei ricordare che non sono i cinquanta libri più belli della mia vita, quella sarebbe stata un'altra cosa, una specie di Canone personale che non mi sarebbe mai venuto in mente di fare: sono il frutto del caso, di ciò che casualmente ho letto in un pezzo della mia vita, niente di più. Non ci sarà

Viaggio al termine della notte, per capirsi (l'ho letto quando avevo vent'anni). Né *Anna Karenina* (me lo tengo per qualche lungodegenza, augurandomi di non leggerlo mai). Ho semplicemente scelto i migliori cinquanta libri tra quelli che ho letto di recente. Sono quelli di cui parlo con gli amici, quando abbiamo finito di litigare su film e politica. Si meritavano qualcosa di più.

AB, novembre 2012

13 novembre 2011

Andre Agassi

OPEN.
LA MIA STORIA

"Comprato perché me l'hanno consigliato due amici, tutt'e due più giovani di me, tutt'e due sceneggiatori. Sempre fidarsi degli sceneggiatori, quando leggono"

Be', non l'ha scritto lui, d'accordo. L'ha scritto J.R. Moehringer, uno che nel 2000 ha vinto il Pulitzer per il giornalismo: e che, obbiettivamente, è di una bravura mostruosa. Non bisogna pensare però che si sia limitato a fare da ghostwriter: gli è riuscito di dare ad Agassi una voce (una vita l'aveva già, e micidiale) e una diabolica abilità nel raccontare. Risultato: di Moehringer ti scordi subito e ti ritrovi in viaggio con un Agassi che non ti saresti mai aspettato e che non smette un attimo di parlare. Se parti, non scendi più fino all'ultima pagina. Roba che i famigliari protestano e sul lavoro non combini più un granché.

In genere, quando un libro riesce a ottenere un simile risultato contiene una di queste quattro domande: chi è l'assassino? Il protagonista troverà se stesso? Ma alla fine si sposeranno? Chi dei due vincerà? *Open* ne contiene tre su quattro, e le intreccia molto bene: le possibilità di sottrarsi alla trappola sono pari a zero. (Manca l'omicidio, ma se si largheggia un po', l'idea di far allenare il proprio figlio di sette anni tirandogli 2500 palline al giorno assomiglia molto a una specie di avvelenamento metodico, e quella era l'idea di educazione che aveva in testa il padre di Agassi.)

Adesso che sono stato ad ascoltarlo, so che Agassi ha vissuto come giocava a tennis, cioè i piedi ben dentro al campo, ad aggredire la pallina mentre sale (tutti buoni a prenderla mentre scende), immaginando tutto a una velocità irragionevole, e collezionando sciocchezze mostruose e invenzioni sublimi. Intanto che faceva tutto questo, cercava un senso alla sua vita, e se si ritorna con la mente a quel pagliaccio in hot pants di jeans e capelli tinti sparati sulla testa che giocava come un flipper, la cosa risulta poco credibile: ma non se apri il libro e gli dai una chance. Alla fine bisogna arrendersi, sembrava deficiente ma non lo era. O almeno: era intelligente in un modo molto barbaro, e quindi affascinante. Non sarebbe poi stato molto differente, il giovane Werther, se solo nasceva nel 1970 a Las Vegas. Tutto molto superficiale, ma quando ad esempio ti fa capire le porzioni di vita che possono viaggiare in una pallina da tennis che schizza su del cemento, in assenza di qualsiasi profondità, e nell'ossessiva ricerca di poche linee dipinte di bianco, un'idea te la fai, molto fisica, di come l'infinito possa correre sulla pelle del mondo senza prendersi la briga di scendere in qualche altro posto, nel sottosuolo. Serve giusto una mente altrettanto veloce e leggera, e poi tutto ritorna a posto.

Agassi aveva (ha) una mente di quel tipo, e ce l'avevano (magari in modo un po' più rudimentale) quelli intorno a lui. (Gente capace di dire frasi come questa: "Andre, certe persone sono termometri, altre termostati. Tu sei un termostato. Non registri la temperatura in una stanza, la cambi". Brutale, semplicistico, ma anche vero, in un certo modo, e molto utile se te lo dicono quando stai per uscire per la prima volta con la donna dei tuoi sogni.) Pallina dopo pallina, volano le domande e le risposte sulla vita, schizzando sul cemento dei pensieri, e alla fine quella a cui assisti è un'unica, grande, affascinante partita giocata da un ragazzo contro il buco nero che si porta dentro: che poi è la stessa partita che giochiamo tutti, lo si voglia o no. Ne ho letto infiniti resoconti, e quello di Agassi ha una sua elementare bellezza sintetica che vale più di mille centrini letterari (romanzi all'uncinetto, non so se mi spiego). Sul finire della carriera, quando ormai vinceva e perdeva da secoli, quando aveva già ricominciato da capo un paio di volte, quando stava in campo solo grazie alle iniezioni di cortisone, i giornalisti iniziarono a chiedergli come mai non smetteva. Era una domanda giusta, giustamente porta a uno che non aveva mai smesso di pensare "Io odio il tennis". Ecco la risposta di Agassi: "È così che mi guadagno da vivere. E poi mi resta ancora del gioco. Non so quanto, ma un po' ce n'è". Ho in mente decine di domande a cui vorrei esser capace di rispondere con una così barbara esattezza. (Se ad esempio mi chiedete perché non smetto di scrivere, vi beccate una conferenza di almeno mezz'ora.)

Tutto sommato, l'unica cosa del libro che mi è spiaciuta è il finale. L'eroe si sposa, vince e scopre se stesso. Lieto fine, ma non è questo che mi è spiaciuto. È che l'eroe scopre il senso della vita iniziando a occuparsi degli altri, i suoi figli innanzitutto, ma anche gli altri *veri*: apre una scuola per bambini che non hanno la possibilità di studiare. Volontariato. Tutti felici. Sipario. È che io non ci credo. A me risulta che la ricerca del senso è una sorta di partita a scacchi, molto dura e solitaria, e che non la si vince alzandosi dalla scacchiera e andando di là a preparare il pranzo per tutti. È ovvio che occuparsi degli altri fa bene, ed è un gesto così dannatamente giusto, e anche inevitabile, necessario: ma non mi è mai venuto da pensare che potesse c'entrare davvero con il senso della vita. Temo che il senso della vita sia estorcere la felicità a se stessi, tutto il resto è una forma di lusso dell'animo, o di miseria, dipende dai casi.

Peraltro, è anche possibile che mi sbagli. È giusto un pensiero istintivo – un certo modo di vedere il mondo.

20 novembre 2011

Isaiah Berlin

LE RADICI DEL ROMANTICISMO

"Comprato perché mi interessava l'argomento ma senza sapere esattamente cosa stavo comprando. Come uno che si rifugia in una chiesa, per un improvviso acquazzone, e poi scopre che è del Borromini. La chiesa, non l'acquazzone"

Se il tema sembra squisitamente scolastico, e dunque da evitare con cura, vale la pena di ricordare che, come amava ripetere Berlin, il Romanticismo è stata una impressionante rivoluzione culturale che ha ridisegnato il modo di pensare e di vivere dell'Occidente: l'ultima prima di quella di Bill Gates e Steve Jobs (questo lo dico io, Berlin è morto prima dell'iPhone). Per almeno duecento anni noi siamo stati figli di quella rivoluzione, e neppure i più giovani di noi, oggi, potrebbero dire di non esserne frutti tardivi e surreali. Dunque si tratta di uno spettacolare spartiacque della storia della mente: non è una cosa affascinante provare a capire chi se l'inventò, e perché?

Berlin, al riguardo, aveva delle sue convinzioni precise, immagino discutibili, ma molto sensate. Sapeva porgerle in modo mirabile, con una chiarezza che queste lezioni (tenute a Washington nel 1965) sfoggiano con l'aria di essere una sentenza definitiva: fine degli alibi, è possibile spiegare immani mutazioni mentali e antropologiche raccontandole come avvincenti e splendide avventure dell'intelligenza e senza annoiare nessuno. Di solito si semplifica la faccenda mettendo da una parte l'erudizione accademica e dall'altra la divulgazione: ma è un modo pigro di mettere giù le cose. Lì in mezzo ci sta un altro gesto, formidabile, ed è quello che fa Berlin: sciogliere l'erudizione nel fluire di una narrazione e disegnare mappe in cui la complessità diventa leggibile, ordinata e bella. Non è che ci riescano in molti, a farlo, e questo spiega perché si preferisca spesso credere che sia una cosa impossibile. Ma non è vero, e questo libro lo dimostra. Dovrebbe essere una lettura obbligatoria per qualsiasi professore chiamato a spiegare il Romanticismo a scuola; ed è un piacere luminoso per tutti coloro che amano farsi mozzare il fiato dall'avventura delle idee.

Decine le cose che si imparano (se non le si sa già). Una è che il Romanticismo non fu uno sviluppo dell'Illuminismo ma una furibonda, rancorosa e geniale reazione a esso. Un'altra è che il Romanticismo è un brevetto esclusivamente tedesco, poi copiato e venduto alla grande da tutti gli altri, inglesi in testa. Un'altra ancora, particolarmente sgradevole, è che alle radici vere del Romanticismo ci stanno pseudo-pensatori popolari partoriti da ambienti provinciali, chiusi, xenofobi, vagamente leghisti (per così dire), impregnati di una religiosità opprimente e beghina. Facilmente, se fossero vissuti oggi, sarebbero stati le star dei contenitori televisivi del mattino. Come ci si sia potuti inerpicare da lì a Goethe, Schelling, Hegel è una storia incredibile, la cronaca di una vera acrobazia. Ditemi voi se non vale la pena di farsela spiegare, se il professore è uno come Berlin. Il quale professore, en passant, stacca microlezioni memorabili in cui risposte che nessuno ti aveva mai dato, o domande che non avevi mai sentito pronunciare, rotolano una dopo l'altra, dando al termine "imparare" il suo significato più preciso: un'emozione prolungata al termine della quale ne sai più di prima. Io ho trovato irresistibile la paginetta in cui dice di Bach quello che nessuno ha mai osato dire (un genio che non era abbastanza colto per sapere di esserlo). Ma anche ho sottolineato trionfalmente le paginette in cui, con aria innocente, spiega perché Amleto, *Don Giovanni* o *Don Chisciotte* sono diventati i miti che sappiamo, quando invece erano semplici storie, personaggi qualunque, alberi di una foresta, e neanche i più alti: mi vedevo le legioni di eruditi sconcertati, e sottolineavo. Così come ho messo da parte una volta per tutte le prime pagine del libro, quelle in cui, per distendere bene la mappa sotto agli occhi prima di colorarla, Berlin insegna in pochi cenni cos'è stato l'Illuminismo (non capisci veramente Batman se prima non hai capito chi è Goblin). Non sono performance di cui si parli sui giornali, ma ritrarre il mondo illuminista in così poche pagine e con quella nettezza è uno di quei goal che, se solo eri allo stadio, non dimentichi.

E in ogni caso, devo aggiungere, continuerei a portare nel mio cuore questo libro anche se non mi avesse insegnato niente perché ci ho trovato il regalo di due citazioni, nascoste tra le pieghe del testo, piccole ma splendenti. Non le conoscevo, le devo a Berlin. La prima viene da Nietzsche e probabilmente dice una cosa falsa: ma, quando penso alla conversazione come a un'arte, quel che immagino è gente che mentre aggiusta il tabacco nella pipa stacca frasi come quella. "L'uomo non tende alla felicità; solo gli inglesi lo fanno." Se vi sembra leggerina, allora eccovi la seconda, che invece è immensa. Immagino che potrebbe agevolmente essere l'epigrafe giusta da apporre al tutto, e quando dico *tutto* dico l'esperienza dei viventi e il paesaggio in cui qualcuno l'ha posata. Racconta Berlin che un giorno chiesero a Novalis quale pensava fosse il senso della sua arte, quale fosse la meta a cui mirava. Era una domanda un tantino generica, ma in fondo era una buona domanda. Ecco cosa lui rispose. "Io sto sempre andando a casa, sempre alla casa di mio padre." Giù il cappello.

27 novembre 2011

Elizabeth Strout

OLIVE KITTERIDGE

"Comprato quando Elizabeth Strout è venuta a insegnare alla Holden, e io mi sono accorto di essere l'unico a scuola che non l'aveva mai letta. Il che non era bello"

C'è poi questa idea di letteratura, a me estranea, che definirei così: registrare la stupefacente normalità dei viventi, con tutta l'obbiettività possibile, limitandosi quasi a fotografarla. Si potrebbe dire che già Balzac lo faceva, ma qui si sta parlando di qualcosa di più estremo: non ci sono di mezzo i trucchi della narrazione, e il fine non sembra quello di riportare il caos indistinto della vita nell'ordine formale di una storia. Si tratta di guardare e basta, lasciando che la luce dei viventi impressioni la pellicola della lingua. Spesso non c'è nemmeno l'ombra di un giudizio, e tanto meno una qualche morale. Non sembra importante che le vicende siano in qualche modo esemplari. Ogni frammento di vita ritratto non significa che se stesso. È il trionfo del reale su qualsiasi intenzione.

Ero molto piccolo quando mi son imbattuto per la prima volta in questo tipo di letteratura: mi avevano regalato, irragionevolmente, un volumone con tutti i racconti di Čhecov. Mi faceva imbestialire che spesso i racconti non avessero neanche un finale. Quell'uomo si limitava a ritagliare a caso dei fotogrammi nel film che gli passava sotto agli occhi, e pensava che quello fosse scrivere. Era talmente assurdo che non riuscivo a smettere di leggere, come uno che non riuscisse a risolvere un'equazione e continuasse a provarci per sempre.

Adesso so che, in effetti, in quella particolare idea di letteratura Čhecov è stato il più grande: e, nel tempo, mi è piaciuto scoprire che dal seme dei suoi racconti è poi nata una jungla di libri che ho spesso amato, ma da lontano, come si può amare una campagna in cui non si andrebbe mai ad abitare, neanche morti. Ho imparato che la forma perfetta, per quel tipo di artigianato, è il racconto, non il romanzo, e che i maestri assoluti del genere sono inglesi e americani, più qualche mina vagante orientale. Gli altri ci provano, ma è come sentire un norvegese che canta *'O surdato 'nnammurato*. Un'altra cosa evidente è che, per lungo tempo, questa particolare forma di artigianato si è intestardita in un'aspirazione sublime e per me tristissima: far sparire la voce del narratore. C'è ovviamente una logica, che già si annunciava in Čhecov: se quello che vuoi è la registrazione pura del reale, è chiaro che lo scrittore deve togliersi dai piedi. Proprio sparire. Se ti immetti in un sentiero del genere, e non ti fermi per strada, arrivi al Carver truccato da Gordon Lish. E quello è stato, per un bel po' di tempo, il modello assoluto: la perfezione a cui guardare.

Adesso le cose sono un po' cambiate, e l'orlo della prodezza è riscivolato indietro, come un'onda sulla sabbia, verso intenzioni più miti. L'idea è sempre quella di lasciare che il reale impressioni quasi da sé la pellicola, ma si è ricominciato a far filtrare una certa temperatura, qualche colore caldo, qualche inquadratura innaturale, un certo fantasma di voce. Sempre foto sono, ma ci senti la mano del fotografo, eccome se la senti. Ogni tanto non è piacevole, ma altre volte, invece, è un incanto. Lì si tratta di rimanere in equilibrio tra mutismo e voce, tra freddezza e compassione, e farlo bene, e con eleganza e precisione: è una prodezza ed è qui che arriviamo alla Strout. In quel genere di equilibrismo, secondo me, lei è il meglio che c'è, morti esclusi. Lei e la Munro, diciamo (due donne, e forse non è un caso). (Ah, colgo l'occasione per annotare che il precetto femminista per cui non bisognerebbe usare l'articolo davanti ai nomi di donne – *la* Merkel, *la* Woolf – è una boiata pazzesca.)

Le fotografie raccolte in *Olive Kitteridge* (racconti travestiti da romanzo) non le si riesce a guardare senza commozione, benché non sia chiarissimo il perché. Tutte scattate in un villaggetto della provincia americana, sull'Atlantico. Piccolo mondo, storie gigantesche o minime, di quelle che senti dalla parrucchiera. Quasi tutti i personaggi fotografati sono anziani, o sull'orlo della pensione, o giù di lì. Bisogna vederli, infagottati in quella loro pelle di carta velina, mentre spiano i battiti del cuore, un po' a vigilare sull'eventuale infarto, e un po' a registrare, stupefatti, l'ostinata epifania di desideri fuori tempo massimo. Sono magnifici quando si chinano sul libro mastro della loro vita a calcolare, mettendo in colonna i ricordi, una somma che non viene mai. Covano rimorsi per cui non hanno più tempo, e rimpianti che fanno fatica a ricordare. Leggono il giornale, costernati dall'aver dimenticato quale è stato il preciso momento in cui hanno cessato di avere delle opinioni. Ogni tanto squilla il telefono, e forse è uno dei figli, ormai grandi, ma poi non lo è quasi mai, e allora tornano a sciabattare in quelle loro piccole case rese enormi dal silenzio, e dalle stanze vuote. Tuttavia sono capaci di ridere, ognuno ha un segreto a cui si scalda nell'inverno di quel crepuscolo, e tutti sanno che è un dono, ogni mossa della vita – anche quel giallo del bosco, o lo zucchero sulla ciambella. Ce n'è uno, si chiama Harmon, e a un certo punto gli accade di pensare a Dio: "gli parve un salvadanaio che lui stesso aveva piazzato in cima allo scaffale e che ora aveva tirato giù per osservarlo con occhi nuovi, più attenti".

Non so se la Strout li abbia conosciuti, ma io sì, questo è il bello, è come se fossi stato là. Lei li ha fotografati per me, con una lente di cui ignoro il segreto, e adesso io potrei riconoscere l'odore delle loro case, e sapere che sono loro da come bussano alla porta. Li lascerò entrare tutte le volte che verranno perché il bagliore della loro penombra è una delle cose che mi potranno accadere quando sarà troppo tardi per un sacco di cose e troppo presto per l'unica che fa veramente paura. Inutile dire, peraltro, che avrei piani più brillanti.

4 dicembre 2011

Richard Brautigan

AMERICAN DUST

"Me l'aveva consigliato un amico sceneggiatore. Come devo aver già detto, gli sceneggiatori di rado scrivono bei libri, non so perché, ma spessissimo leggono bei libri"

Romanzi del genere li riesci a scrivere solo se hai visto il fondo della sconfitta, o se sei già morto: non sei capace di quella intensità mite, di quella convalescente economia di parole se sei ancora vivo, o vincente. Per urlare così sottovoce, devi essere finito. Allora ti spetta una dolcezza che, in compenso, è infinita.

American Dust Brautigan lo scrisse nel 1982, un bel po' dopo essere finito nel dimenticatoio e due anni prima di spararsi un colpo con un fucile calibro .44. Era stato, negli anni sessanta, una star, quanto meno negli Stati Uniti, e sicuramente nel mondo partorito dalla beat generation. Una decina d'anni ed era già tutto finito. Il suo capolavoro si intitola *Pesca alla trota in America*: non sono mai riuscito a superare pagina venti (va detto che non assumo sostanze stupefacenti, mai). In realtà, è proprio tutta la cultura della beat generation che non mi ha mai preso veramente. Io *On the Road*, per dire, lo trovo di una noia mortale. Tuttavia un giorno mi hanno messo questo piccolo romanzo in mano (aveva anche splendidi bordi rossi delle pagine, e un sacco di piccole cure editoriali che mi piacquero) e pensai di leggerne un paio di pagine, giusto per cortesia: ma non finì così. Mi ricordo che, arrivato all'ultima, chiusi il libro e me ne rimasi un po' a rigirarmelo nelle mani, senza muovermi, rimanendo lì: nella privata e solitaria liturgia del leggere, quello è l'equivalente della standing ovation nei teatri.

L'ho detto, è un libro postumo, come la pelle dei

vecchi. Frasi per lo più molto brevi, a capo ogni cinque righe, cento pagine in tutto: la vedi la penna stanca, per cui ogni periodo ben scritto è come uno scalino salito dopo l'operazione al femore. Ti viene l'idea che se si mettesse a correre un po' di più, o se alzasse il tono di voce, finirebbe per venirgli la febbre.

C'è un ragazzino e c'è un lago. Il ragazzino ha dodici anni, il lago è di quelli piccolini, dove si va giusto a pescare un po', ogni tanto. Oregon, 1948. Ci sono due strani tipi – grassissimi, una coppia, lui e lei – che ogni giorno arrivano al lago con un furgoncino scassato, scaricano giù tutto l'arredo di casa loro (sofà, sedie, due tavolini, lampade, fotografie incorniciate da poggiare sui tavolini, una stufa) poi si siedono sul sofà e si mettono a pescare. Il ragazzino li vede dall'altra sponda del lago. Un giorno decide di fare il giro e di andare a vederli da vicino. Magari a capire chi diavolo sono. Lo fa. Fine del libro.

Cioè: nel tempo del mezzo giro di lago ci stanno molte altre storie, e in un certo senso tutta la vita del ragazzino, nel suo racconto. A ben pensarci è tutta una questione di morti. Dall'inizio alla fine, non fa che rispuntare la morte, anche nei modi più casuali (non lo fa apposta, il ragazzino, di andare ad abitare sopra una sede di Pompe funebri). Non dovrebbe essere così, perché a dodici anni sei molto impegnato a capire cos'è la vita: registrare il curioso epilogo della morte non sembra la priorità del momento. Ma il ragazzino di Brautigan viene da quell'orlo della vita in cui stava Brautigan quando volle ricordarselo e raccontarcelo: stava in bilico sul suo fucile calibro .44, e si sente. Così c'è il ragazzino, e tutto il resto sa di sconfitta, povertà e morte.

Che, detto così, dà però un'idea sbagliata. Se vi state immaginando un libro cupo e portasfiga, non è questo che volevo dire. Perché il cuore di *American Dust* sta in altre due cose, piuttosto irresistibili. La prima è che il ragazzino ama tutto. Voglio dire che niente gli fa schifo e in moltissime cose lui vede l'incanto della bellezza. Non ha senso quasi niente, nella sua vita, ma c'è molta bellezza, in circolo, nella sua vita. Niente senso, molta bellezza. C'è un tipo, sul lago, che si è costruito una baracca, con legno di recupero, e un pontile, sempre con legno di recupero: e al pontile è attraccata una barchetta, anche quella fatta da lui, ma un capolavoro, una cosa fantastica, dovreste vedere i dettagli. Be', mai visto una volta il tipo staccare la barca dal pontile, dice il ragazzino. Non credo che l'abbia mai usata una volta, dice. Niente senso, molta bellezza (io, di mio, avrei optato per un modo di stare al mondo di quel tipo: ma è andata diversamente).

L'altra cosa è che *American Dust* fa molto ridere, ma veramente molto e in un modo che solo chi legge libri conosce: ridi dentro. Da fuori credo che non si veda proprio niente. Ma dentro ridi moltissimo. Se ci pensate è una cosa che esiste solo nella lettura. Voglio dire, quando si è in mezzo alla gente è il contrario: ridi fuori anche quando non è proprio che ti stai divertendo, lo fai per gentilezza, o anche solo per rispettare un codice. Non è che vai a una cena e poi passi il tempo a ridere dentro. Ma quando leggi lo fai, se chi scrive è bravo. Deve essere abbastanza spiritoso per farti ridere dentro ma poi sapersi fermare un attimo prima di farti sbottare a ridere fuori. È una tecnica. Credo che l'abbia inventata Dickens. Salinger l'ha portata a vette sublimi. A modo suo non era male Proust. In Italia, Gadda su tutti. Tra i vivi: Vonnegut, che per me non è morto mai.

Mi sono perso un po': volevo dire che è un libro scritto con una leggerezza magnifica, e una tristezza che non è triste mai.

11 dicembre 2011

Pierre Hadot

ESERCIZI SPIRITUALI E FILOSOFIA ANTICA

"Mi ha costretto a comprarlo un'amica che in fatto di saggi non si sbaglia mai. Non si sbagliava, infatti"

D'accordo, il titolo suona sinistro. Non tanto per il riferimento alla filosofia antica (che di per sé è un argomento di immenso fascino) quanto per quel "esercizi spirituali" che inclina a ricordi non necessariamente giulivi. Ma Hadot era uno di quei vecchi maestri che lasciano il segno, e se io dovessi spiegare cos'è la filosofia non mi verrebbero in mente poi molti altri sistemi che prendere queste pagine e, lentamente, leggerle a voce alta. Immagino che legioni di studenti la smetterebbero di agonizzare durante le ore di filosofia se solo mettessero un attimo il naso lì dentro.

La cosa che capirebbero è questa: in origine la filosofia non era tanto un modo di pensare per conoscere, quanto un modo di vivere per essere felici. Prendetela alla lettera. Era una prassi quotidiana, non un lavoro di cervello. Non vorrei esagerare, ma era qualcosa di molto più affine allo yoga che alla logica. Dice Hadot: era un modo di *guarire*. Guarire dall'infelicità, è ovvio, malattia che tutti conoscono. Stoici, epicurei, Socrate, Platone, Aristotele: dei guru che non insegnavano tanto delle teorie astratte, quanto una via, una disciplina, uno stile di vita che consentisse di uscire indenni dalle tagliole dell'esistenza. Adesso noi li studiamo, sui libri di scuola, seguendo le traiettorie del loro pensiero, ma è un sistema impreciso, dice Hadot, che ci fa perdere la parte più affascinante della faccenda. Perché il pensiero era solo una parte di un gesto assai più articolato che potremmo definire così: tentare di trovare in se stessi un equilibrio capace di difendere dal dolore, e dalla paura. La speculazione intellettuale era importante, ma lo erano analogamente altri esercizi, che potremmo effettivamente definire "spirituali", attraverso i quali ciascuno poteva aspirare a quella saldezza che, sola, lo poteva salvare. Meditare, camminare, leggere, compiere i propri doveri, condursi nella giungla dei sentimenti, ascoltare, coltivare amicizie, dialogare. Esercizi dell'anima, esercizi spirituali. Hadot cita una fulminante espressione di Plotino che spiega molto: quel che occorre fare è *scolpire la propria statua*. Non va intesa in senso berlusconiano (mettersi su un piedistallo, meno male che Silvio c'è), ma in modo più sottile. Bisogna ricordarsi che la scultura era, per i greci, l'arte della sottrazione, l'abilità manuale con cui ottenere una figura a partire da un blocco di pietra, procedendo per successive sottrazioni. È esattamente quello che insegnavano quei celeberrimi guru: lavorare su se stessi, scalpellando via tutto ciò che di falso o inutile ci sta attaccato, e liberare, alla fine, quel che noi siamo, nella saldezza imperturbabile della magnificenza dell'esistere. Allora saremmo, davvero, dei sapienti: che non è il nome di uno che sa tutto: è il nome di uno che non ha più paura di niente. Guarito.

Spiega poi, Hadot, come si sia finiti a fare della filosofia un'attività puramente teorica e speculativa, e come solo di recente (con Nietzsche, Bergson, gli esistenzialisti) si sia tornati ad avvicinarsi a quell'idea aurorale di filosofia come conversione, guarigione, prassi di sanità mentale. Ed è una bella mappa che consiglio a tutti di leggere, ma che qui metto da parte perché è un'altra la cosa di cui voglio dire, così preziosa, per me. Proprio all'inizio di uno dei suoi saggi, Hadot stacca una citazione che gli doveva essere molto cara, e che viene da un sociologo francese, Georges Friedmann. È evidente che la mise lì perché nell'antica lezione dei filosofi greci qualcosa gli sembrava che andasse recuperato, come l'eredità di un compito, come la riscoperta di una prassi. Aveva in mente una certa idea laica di esercizio spirituale, quotidiano, paziente, fruttuoso. Doveva sembrargli fondamentale, nel caso ci importasse qualcosa di stare su questo pianeta in modo dignitoso. Per spiegarla, usò le parole di Friedmann. Stagliuzzo appena e ve le copio qui, perché valgono la pena.

"Fare il proprio volo ogni giorno. Almeno un momento che può essere breve, purché sia intenso. Ogni giorno un 'esercizio spirituale', da solo o in compagnia di una persona che vuole parimenti migliorare. Uscire dalla durata. Sforzarsi di spogliarsi delle proprie passioni, delle vanità, del desiderio di rumore intorno al proprio nome. Fuggire la maldicenza. Deporre la pietà e l'odio. Amare tutti gli uomini liberi. Questo sforzo su di sé è necessario, questa ambizione giusta."

Leggi queste righe a un barbaro e quello ti prende per scemo, me ne rendo conto. Esercizi spiritualiiiii? Lo capisco. Ma la citazione non finisce lì, ha ancora tre righe, micidiali, e quelle sono scritte proprio per il barbaro, e non solo per lui, ma per me e per tutti coloro che si consumano nella libidine, legittima, di rivoluzionare il mondo. Spiegano perché, contro ogni apparenza, *quello sforzo su di sé è necessario, e quell'ambizione giusta*. Lo fanno con grande semplicità, limitandosi a ricordare qualcosa che abbiamo dimenticato alla grande, quasi tutti, e alcuni con una strafottenza insopportabile. Friedmann le scrisse nel 1977, e questo spiega un certo riferimento alla politica. Ma, nel leggerle, prendete il termine "politica" nel suo senso più ampio. Dicono così: "Numerosi sono quelli che si immergono interamente nella politica militante, nella preparazione della rivoluzione sociale. Rari, rarissimi quelli che, per preparare la rivoluzione, se ne vogliono rendere degni".

18 dicembre 2011

Per Olov Enquist

IL MEDICO DI CORTE

"Rovistavo in libreria, poi il caso e un risvolto di copertina ben scritto mi hanno portato davanti a questa storia che non ho più dimenticato"

Accadde tutto realmente, nel piccolo regno di Danimarca, nella seconda metà del Settecento. C'era questo re, Cristiano VII, che con ogni evidenza era poco più di un ragazzo demente, inadatto a svolgere con la necessaria linearità le più semplici funzioni della sovranità. Cercarono un medico, allora, per provare a limitare i danni con una qualche cura. Trovarono un tedesco: si chiamava Friedrich Struensee. Era brillante, abile e cresciuto nel verbo dell'Illuminismo. Prese per mano il re, convinto che *pazzia* fosse un nome troppo riassuntivo per definire quello che poteva succedere nel cervello di un uomo, e sicuramente di quell'uomo. Lo riportò a galleggiare passabilmente sulla superficie delle cose e si guadagnò la sua più completa fiducia. Non ci mise molto a diventare l'amante della regina, la persona più influente del regno e l'uomo che impresse alla Danimarca la più fulminea e incredibile delle rivoluzioni illuministe che la Storia ricordi. Morì, decapitato, un paio di anni dopo, giudicato colpevole di Lesa Maestà.

Fin qui i fatti. Bisogna poi saperli raccontare, se quello che vuoi farne è un romanzo.

Per Olov Enquist è un narratore squisito, e in quel particolare artigianato (distillare dalla Storia delle storie) è, per quel che ne capisco io, uno dei migliori. Ha oggi settantasette anni, è noto per il suo impegno politico, è svedese. Non ci sarebbe da stupirsi se ce lo ritrovassimo premio Nobel, prima o poi. Ma a parte questo: scrive limpido, con architetture nitide e mai banali, una misura incantevole e dei cambi di velocità da ragazzino. Di rado forza le cose, e spesso sembra giusto accompagnarle, come pochi scrittori sanno fare. Ha un timbro di voce di cui non ho mai veramente scoperto il segreto: credo che parta da una specie di freddezza da referto medico e poi la scaldi al fuoco lento della sua personale meraviglia. Il risultato è strano: è come sentire un notaio che legge un testamento, ma il testamento è il suo, e allora la voce è più calda, e ogni parola piena di cose, e il tutto così irripetibile – ordinato ma irripetibile. Una cosa, in particolare, gli devo riconoscere, con invidia: ha un modo sconcertante di prenderti, ovunque tu sia, e di posarti in mezzo alle storie che racconta: lo sanno fare in molti, ma lui lo fa con un gesto mite, da artigiano modesto, che ti prende di sorpresa. Ti ritrovi lì in mezzo, ma maledettamente in mezzo, e neanche ti accorgi che qualcuno ti aveva preso in mano e ti aveva posato su quella scacchiera di cui nulla sapevi. Lasci che lui giochi, allora, ed è, per lo più, un piacere.

Il medico di corte è probabilmente il libro che gli è meglio riuscito, ma non è solo per questo che l'ho amato così tanto da parlarne oggi. L'ho amato anche perché custodisce una fantastica lezione sull'Illuminismo (e dunque, se posso avanzare un consiglio accessorio, un'ideale integrazione alla lettura del libro di Berlin sul Romanticismo). Forse non avevo mai capito veramente la forza utopica e la follia visionaria delle idee illuministe fino a quando Enquist non mi ha raccontato la fulminea rivoluzione danese di Struensee: fino a quando lui non mi ha fatto vedere da così vicino la realtà di un paese rivoltato come un calzino, in pochi mesi, sotto la scossa elettrica di folli ideali di libertà, di razionalità, di naturalità. Uno spettacolo sublime e grottesco. Una specie di Sessantotto in porcellana. Non si ha idea di come d'improvviso, centinaia di pagine lette e capite, mi siano tornate addosso, vive però, adesso, e perfino un po' roventi. Una lezione, dico.

Poi, dato che in ogni bel libro c'è una pagina, o anche solo tre righe, che ci restano appiccicate per sempre, una scena ce l'ho, del *Medico di corte*, che avrò già raccontato cento volte, e figurati se qui non lo faccio un'altra volta. È giusto uno scambio telegrafico di battute, ma alle volte è da questi particolari che si giudica un narratore. È una scena tra Struensee e la regina. (Si chiamava Caroline Matilde, aveva vent'anni, era inglese, e all'apparenza aveva il fascino e il carattere di una melanzana. Ma solo all'apparenza.) All'inizio i due si detestano. Poi qualcosa succede. Struensee, tra le sue passioni, aveva l'andare a cavallo, e la regina a un certo punto, dismettendo la propria alterigia, gli concede il privilegio di insegnarle a cavalcare. Scelgono per lei un cavallo mite, e nella bellezza senza condizioni del parco di Bernstorff, Struensee la prende per mano e accetta di insegnarle. Era un uomo che sarebbe riuscito a trasformare in sedici mesi una monarchia oscurantista in un paradiso di libertà, uguaglianza e innocente follia. Sapeva scegliere le parole, e riassumere il mondo.

Prima regola, *prudenza* – disse.
E la seconda? – chiese lei.
Audacia – rispose Struensee.
Finito. L'ho detto, è giusto uno scambio di battute. Ma adesso che è vostro, applicatelo a cose meno inattuali dell'equitazione, e, giuro, vi tornerà incredibilmente utile.

8 gennaio 2012

Paolo Villaggio

FANTOZZI TOTALE

"Preso al volo quando ho scoperto che qualcuno finalmente aveva deciso di riportare in libreria il ragioniere più famoso d'Italia"

Non è il caso di esagerare, ma se c'è una cosa che si chiama letteratura italiana questo libro ne fa parte. Scrivere libri che fanno molto ridere è possibile ma non necessariamente porta a fare letteratura. La cosa riuscì a Paolo Villaggio, a cavallo tra gli anni settanta e ottanta, e adesso è bello riconoscerlo, con il giusto entusiasmo. Prima di lui, Guareschi. Prima di Guareschi, Achille Campanile. La spina dorsale della letteratura umoristica italiana è probabilmente quella lì.

Non è il caso di esagerare, ma Fantozzi era geniale, poche storie. Spesso l'ho visto disinnescato da una lode che, per me, suona come un perfido calcio in culo: dicevano che era lo specchio esatto di una certa Italia. Mah. Io lì sono viziato da un pregiudizio che mi è sempre stato caro: non credo che si faccia letteratura per specchiare una qualche realtà locale, che sia un quartiere o una nazione. Non credo che Dickens fosse grande per i suoi affreschi della Londra ottocentesca, e se leggo in un risvolto che il tal romanzo mi promette l'affresco mirabile di una certa realtà contadina, scappo. Lo faccio con molto rispetto, ma non riesco a impedirmi di pensare che usare la letteratura per dipingere un paese, villaggio o nazione che sia, non è molto differente dal chiamare Sherlock Holmes per scoprire dove diavolo sono finite le forbicine per le unghie. Cercale, verrebbe da dire. Basta un buon giornalismo, verrebbe da dire, se il problema è raccontare l'Italia. Lascia che i libri, nella loro accezione più ambiziosa, si occupino di altre cose.

Paolo Villaggio, ad esempio, si occupava di un'altra cosa. *Fantozzi* rispecchia una certa realtà italiana, ma soprattutto la deforma alla grande, la ridisegna con genio surrealista, e sostanzialmente la restituisce inservibile, quindi preziosissima: una visione. Lo fa con una tecnica che adesso sembra banale, tanto è penetrata nel senso dell'umorismo degli italiani, ma che non c'era prima di Paolo Villaggio. O quanto meno nessuno l'aveva portata a simili vette di cura e di virtuosismo. Villaggio usava una sintassi povera, frasi essenziali, e un aplomb inglese che Chesterton si sognava. Dunque il punto di partenza era una semplicità assoluta, una prosa liscia come la faccia di Buster Keaton. In quel tessuto, di per sé povero, lui faceva esplodere delle mine pazzesche che in tempi rapidissimi trasformavano il tutto in iperbole, e in visione. Era una continua, fulminea, giubilatoria vendetta contro la realtà. Il gioco era mandarla in mona convocando, al suo posto, il surreale, un'operazione che Villaggio poteva fare a velocità sbalorditiva. Alle volte gli bastava un nome. *Pier Ugo Serbelloni Mazzanti Vien dal Mare*. Fatto. *Dott. ing. grand. uff. lup. man. Lorenzo Folchignoni*. Fatto. *Duca Pier Carlo ingegner Semenzara*. Fatto. Ma in fondo anche sua moglie: *Pina*. Fatto. Non sono nomi, sono orologi di Dalí (fatte le debite proporzioni).

Usava gli aggettivi da dio. "Mentre la Pina si spogliava a lui venne il solito leggerissimo conato di vomito." Togliete *leggerissimo* e vi ritrovate in un cinepanettone. Ma il leggerissimo c'è, ed è un contromovimento minuscolo che, lo capite, suona geniale. (È lo stesso trucchetto del classico "Non mi sento troppo bene, disse. Poi svenne".) A volte usava aggettivi così inaspettati o fuori posto che in coppia con il sostantivo che ne era la vittima hanno finito per diventare un'espressione unica, esente da qualsiasi analisi grammaticale e scolpita nella memoria collettiva: il tragico spigato siberiano, lo sfrigolio sinistro, i pantaloni ascellari. Nomi, anche loro.

Adorava i numeri, perché lì la moltiplicazione del reale nella sua proiezione fantastica era immediata, e per così dire scientifica. Per me resta emblematica la fantastica sistemazione all'hotel Italia-Sassolungo, "in comode stanze da due, quattro o sedici letti". Ma naturalmente non possiamo dimenticare il risultato della partita di calcio fra quarantenni (38 a 24) né la durata dell'applauso dopo l'intramontabile "Per me la corazzata Potëmkin è una cagata pazzesca" (92 minuti). Adorava anche le liste, prima che diventassero una cosa seria, probabilmente perché nell'azzeramento della sintassi l'esplosione del surreale risultava immediata, non c'era bisogno neanche della miccia. Gita a cavallo: "Attrezzatura Fracchia: stivali Prima guerra mondiale, giganteschi pantaloni alla zuava ascellari, casco coloniale, giacca blu prima comunione a doppio petto e guanti da violinista. Attrezzatura di Fantozzi: scarpe chiodate da montagna modello 1906, calze corte, calzoncini da mare scozzesi, giacca da frac a coda di rondine, elmo tedesco residuato di guerra, guanti da violinista". (Non c'è un verbo, niente miccia.) (Ah, non credo sia il caso di spiegare come i *guanti da violinista* valgano da soli il prezzo del libro.)

Che c'entra l'Italia?, uno finisce per chiedersi, e adesso magari capite meglio che non è una domanda scema. Non stava raccontando un Paese (o magari sì, ma come pretesto, come motorino d'avviamento). Intanto stava usando la lingua italiana come se fosse fatta di gomma, portandola ad acrobazie lessicali che poi avremmo ripetuto anche noi, mille volte. E poi stava raccontando, sì, ma un'altra cosa. Se un bambino mi arrivasse con *Fantozzi* in mano (il libro, dico) e mi chiedesse dritto dritto "Cosa racconta?", io saprei la risposta. La tristezza, direi. Ma facendoti piangere dal ridere, forse aggiungerei. In questo senso, benché tecnicamente parlando il racconto capolavoro di Villaggio sia secondo me *Invito in società*, quello che meglio riassume il cuore della faccenda è *La Pina si innamora*. Inizia con una pressione vescicale di due atmosfere e finisce con una diarrea biblica. In mezzo, la tristezza. Una sconfinata, incorreggibile, inevitabile, struggente tristezza. Non credo che ci sia qualcuno, dotato di un minimo di sensibilità, capace di arrivare alla fine senza le lacrime agli occhi. Di che tipo, questo è difficile dirlo.

15 gennaio 2012

Antonio Pascale e Luca Rastello

DEMOCRAZIA: COSA PUÒ FARE UNO SCRITTORE?

"Comprato, nonostante il titolo, perché quei due mi avevano sorpreso già altre volte, con quel loro modo di pensare così poco servile"

Li avevano invitati, Pascale e Rastello, alla Biennale Democrazia di Torino, e loro ci sono andati. C'era evidentemente da parlare del ruolo degli intellettuali nella salvaguardia di una dignitosa convivenza civile, e loro, uno per volta, l'hanno fatto. Poi ne è uscito questo libretto, con il testo dei due interventi, e adesso vorrei riuscire a spiegare come a me sia parso una specie di sintetico e appassionato manifesto di un pensiero oggi minoritario, che mi sta a cuore e che mi sembra preziosissimo.

Dicono, i due, che non se ne può più, e in particolare non se ne può più del fatto che gli intellettuali si diano un gran da fare non a coniare princìpi o a decifrare fatti, ma a confezionare splendidamente princìpi e fatti già pronti. Prima cucinavano, magari combinando anche disastri, adesso servono in tavola, e i piatti sono quel che sono. Quando va bene, dicono Pascale e Rastello, i fatti e i princìpi su cui si lavora sono superati, quando va male sono semplicemente falsi: sono quelli che il pubblico ama sentirsi ripetere, quelli che creano un generico consenso democratico, quelli che fanno audience, quelli utili a ricompattare la pazza folla o a mantenere ordine nei segmenti di mercato. Li si assume come cure sanitarie su cui non è il caso di farsi troppe domande e poi si scatena lo splendore dell'intelligenza per ridisegnarli in format ogni volta più convincenti e sorprendenti. E quello sarebbe fare gli intellettuali. Ripetitori di genio. Si parte dall'ovvio e miscelando bene retorica, narrazione, e brillantezza intellettuale si ottiene un prodotto che sembra nuovo, ma non lo è. Successo assicurato.

Non lesinano gli esempi, i due autori, e dalle orazioni civili alle trasmissioni televisive buoniste, dall'inutilità dei festival culturali all'assurdità del mito del biologico, ce n'è per tutti (anche per me, ho pensato: bisogna sentire cosa dicono della mania per la narrazione). Tutto sommato l'esempio migliore lo fa Pascale, e trovo delizioso che sia un esempio autobiografico in cui lo scrittore-cameriere beccato in castagna è lui stesso. Dunque: lo mandano in una favela a Rio, Pascale, con il compito di descrivere quel che accade lì. Lui fa il suo dovere e a un certo punto incappa in una tipica magia da scrittore: rimane ipnotizzato da un frammento, da una piccola immagine in cui vede tutta la storia che vuol raccontare riassunta in un'icona. Il frammento è un filo della luce, singolo, che corre all'aperto da un palo all'altro, e, attaccate al filo, decine di altri fili abusivi che rubano energia e la portano nelle baracche lì intorno. È poco più di un frammento, ma se sei uno scrittore, è esattamente quel che stavi cercando. Rimane da raccontarlo. Detto fatto: e perfino il guardare in alto, al cielo, era sporcato da quella ragnatela abusiva, in cui finiva prigioniera qualsiasi speranza.

Tornato a casa, Pascale è poi andato in giro a presentare il suo reportage e non ci ha messo molto a capire che quell'immagine compostamente poetica piaceva molto al pubblico, rimaneva nella memoria, sembrava sintetizzare perfettamente quel che la gente si aspettava di pensare di una favela. Così gli sembrò naturale usarla spesso, e ogni volta non mancava di apprezzarne il successo e di godersi gli sguardi ammaliati degli spettatori. Fin qui tutto bene. Solo che poi, un giorno, Pascale va a sentire una conferenza di un antropologo americano sulle favelas (si era appassionato al tema, evidentemente). A un certo punto l'antropologo mostra una diapositiva e Pascale si ritrova davanti il suo palo della luce, e la ragnatela, e il cielo oscurato. Ma guarda, pensa. E mentre lo pensa, l'antropologo manda un'altra diapositiva e in quella diapositiva si vede quel che Pascale non si era mai chiesto, e cioè *dove andavano a finire quei fili*. Nella diapositiva c'era una bambina che, di notte, dopo una giornata di lavoro, studiava, e in quella luce rubata di lampadina abusiva stava cercando di estorcere un futuro al proprio destino. Che pirla, pensò Pascale. E non stava alludendo all'antropologo.

Morale: ci fermiamo all'immagine poetica che non disturba i nostri pregiudizi e non siamo capaci di risalire il filo e andare a vedere cosa realmente accade dall'altro capo. Vale più un'immagine bella che un'immagine vera. Trova più ascolto l'ovvia parola d'ordine meravigliosamente messa in scena che la pronuncia pura e semplice della realtà. L'esercizio dell'intelligenza e del gusto, prerogativa degli intellettuali, si dedica a rappresentare pensieri scontati, e sempre più raramente si sforza di risalire a pensieri scomodi.

E invece avremmo bisogno *di gente che misura*, dicono Pascale e Rastello. Avremmo bisogno di *precisione*. Avremmo bisogno di pensieri scabrosi, cioè ruvidi. Avremmo bisogno di vivisezionare, non di raccontare, di accertare invece di ripetere. Avremmo bisogno di sventrare feticci e smontare gli sguardi. Avremmo bisogno di gente che fissa nomi, misura quantità, mette in fila cause ed effetti. Avremmo bisogno di gente lucida che lavora nell'ombra. Di eruditi che sconfessano i pregiudizi e di studiosi che ripristinano i fatti. Avremmo bisogno di intellettuali che scendono dal palco e si mettono a fare il loro lavoro. Così dicono, i due. Lo dicono anche bene, devo ammetterlo.

Poi una volta, magari in un posto nascosto in cui non ci prenda la fregola di strappare l'applauso, ci riuniamo e cerchiamo di capire se hanno anche ragione.

22 gennaio 2012

Edmond e Jules de Goncourt

LA DONNA NEL XVIII SECOLO

"In teoria l'avevo comprato per saperne un po' di più su di un secolo che mi affascina. Dopo però ho finito per usarlo come un medicinale"

C'è poi, nello scrivere, di tanto in tanto, una certa forma di eleganza pura, priva di genio ma ricca di maestria, che chiama il lettore a un diletto tutto particolare, perfino vuoto, affine al passare le dita su una superficie liscia, o al guardare, da sdraiati, un fiume che scorre. Non importa neppure più tanto *cosa* si sta leggendo, è un piacere sottilmente fisico generato dal puro disporsi della scrittura nello spazio, dalla leggerezza delle sue movenze, dal suono cristallino che fa rimbalzando sul tavolo di marmo della nostra attenzione. Si legge non tanto per imparare, allora, né in fondo per essere intrattenuti in modo intelligente: lo si fa per lasciare che quella prosa scorra su certe personali stanchezze, o sconfitte, o disfatte, e ne lenisca il bruciore, sciacquando via lo sporco dalla ferita. Così si legge per il puro piacere della lettura – e per salvarsi.

Non me l'aspettavo, ma questo libro dei Goncourt, vecchio di centotrent'anni, mi ha salvato, tempo fa; e ancora adesso, quando certe mie crepe si fanno moleste, mi accade di riprenderlo in mano, per farmi curare da frasi come questa: "Bambina viziata, *enfant terrible* di un secolo in cui bisognava avere molto spirito per averne abbastanza, madama la duchessa de Chaulnes ne aveva troppo". Sto già subito meglio. Può accadere, ad esempio, che la modestia delle cose che faccio (o che fanno altri) mi risulti davvero insopportabile, e allora mi è di conforto la raffinata geometria di frasi come "basta dire tre volte a una donna che è graziosa perché alla prima vi ringrazi, alla seconda vi creda, e alla terza vi ricompensi" (si parla del Settecento, naturalmente, oggi non va esattamente così). Alle volte mi basta una definizione fulminante per restituirmi una certa letizia: devo molto alla riga che definisce due certe nobildonne "nemiche intime". Certi giorni mi è sufficiente, per riacquistare una certa leggerezza, il semplice risalire la lista degli eleganti sinonimi con cui la Parigi di un tempo amava definire le escort dell'epoca: *fille du monde, fille de joie, demoiselle de bon ton, courtisane, femme de plaisir, demicastor, fille de vertu morente*... Così come non posso dimenticare quale linimento siano state certe liste di nomi che i Goncourt si prendono la cura di annotare con meticolosa libidine. La lista dei nomi delle carrozze, per dire: le *dormeuses*, i *vis-à-vis*, le *paresseuses*, i *cabriolet*, i *sabot*, le *gondole*, le *berline à cul-de-singe*, i *barrocci* e i *diable*. (Se vi sembra idiota pensare di consolarsi con simili liste di suoni meravigliosamente evocativi, sappiate che siete nel torto, o che non sapete veramente cosa siano certe crepe dell'anima, e di riflesso il valore dei linimenti che le possono curare. Non solo. Mi permetto di aggiungere che se non avete almeno una persona a cui trovereste sensato *regalare* liste del genere in segno d'amore – nella certezza che ne sarebbe deliziata – vi state perdendo qualcosa.)

Nel libro dei Goncourt, va detto, l'eleganza della prosa e i preziosismi di una erudizione così garbata vanno di pari passo con l'argomento del testo, vale a dire l'estetismo esasperato di tutto un secolo. Contenuto e confezione sembrano usciti dalla stessa mano. Il piacere ne risulta completo. Anche, devo dire, abbastanza istruttivo. Mi è capitato di pensare, leggendo queste pagine, a quante cose, in realtà, non dovremmo essere in grado di comprendere ignorando ciò che quelle pagine spiegano: giusto per fare un paio di esempi sommi, non dovremmo capire un tubo di tutto il Mozart di Da Ponte, né delle *Liaisons dangereuses*.

Poi, di fatto, capiamo lo stesso, ma certo quel che insegnano i Goncourt dell'erotismo, dell'etica e della geografia sentimentale del Settecento ricolloca ogni nota e ogni parola di quei capolavori nel loro contesto naturale, dandone loro una definizione che in genere ci sogniamo. Perfino la vita dei protagonisti di quel tempo ne esce finalmente più leggibile. Pensavo ad esempio all'enigma delle lettere di Mozart, così insensatamente zozze, e mi accorgevo che non andrebbero mai lette prima di aver letto i Goncourt (dopo, risultano giusto *à la mode*, e quindi moderne, secondo un geniale etimo che è figlio di quel secolo). Così come mi è accaduto di capire finalmente perché Constanze era a fare le terme mentre suo marito Wolfgang, il più grande genio della musica, stava lottando con la morte: l'ho capito quando ho incontrato una frasetta che in puro stile Goncourt mi ha chiarito per sempre come la pensavano, a riguardo, in quei tempi: "Il matrimonio non implicava l'amore, a malapena lo permetteva". Capite che dal pulpito del nostro moralismo smerigliato certe cose non riusciamo neanche a pensarle, ma pensarle diventa utile se c'è da giudicare il comportamento di una moglie dell'epoca o il valore di un'opera che come trama ha la folle giornata di due coppie di scambisti (*Così fan tutte*, e la *e* finale, al posto di una ben più appropriata *i*, la dice lunga sul maschilismo di quel mondo: che fu tuttavia, ricordano i Goncourt, il secolo in cui le donne ebbero un potere che mai prima avevano avuto. E che mai più hanno avuto, possiamo legittimamente aggiungere noi).

29 gennaio 2012

William Faulkner

GO DOWN, MOSES

"Un Faulkner e uno Shakespeare all'anno. Sempre. Qualche regola bisogna pur darsela"

Non l'avevo mai letto, e considerato che la bibliografia di Faulkner è sterminata, la cosa non faceva notizia. Ma proprio non l'avevo mai avuto nemmeno nel mirino, forse perché in penombra, lui, rispetto alla luce abbagliante di certi capolavori. Dalla bella postfazione di Nadia Fusini ho imparato che Faulkner l'aveva scritto nei primi anni quaranta, a corto di soldi, e con la presunzione di mettere insieme una serie di racconti facendoli passare per un romanzo. L'editore non ci cascò e intitolò: *Go down, Moses e altre storie*.

Tra le "altre storie", ce n'è una che si intitola *L'orso* e che da sola fa un terzo del libro. È per lei che sto scrivendo questo articolo. Non per fare sempre classifiche, ma se dovessero dirmi di buttare tutto e tenermi dieci libri da rileggere per il resto della vita, alla fine *L'orso* sarebbe lì in mezzo, e questo per ricordarmi che si può raccontare anche in quel modo, in quell'assurdo, illogico, modo.

Volendo riassumere, Faulkner non scriveva: scolpiva borbottii, solennemente, tra sé e sé. Il verbo scolpire va preso alla lettera: innanzitutto perché lui ha sempre solo scritto monumenti, e la solennità era quasi l'unico sound di cui disponeva (sta in mezzo nella triade americana di grandi scrittori dall'inflessione biblica: prima di lui Melville, dopo di lui Cormac McCarthy). E poi perché lavorava con una strana lingua, tutta sua, fatta di pietra. Anche quando le sue frasi sono rotonde, sanno di fatica e di percussione: hanno spigoli perfino quando sono lisce. Sembrano sempre il frutto di una violenza. Anche Céline, per dire, borbottava, ma con una lingua che era acqua (vino, talvolta). Anche Proust borbottava, per dire, ma la sua lingua era una tovaglia di Fiandra (appena stirata, sempre). Faulkner, lui, lavorava con la pietra. La cosa dà alla sua prosa una durezza ineludibile, e ai suoi monumenti un'asprezza sontuosa. Qualsiasi idea di comodità, nel leggerli, va abbandonata, e l'esperienza di risalire i suoi libri non è mai diversa dallo scalare una parete studiata apposta per rendere inaccessibile la cima – non importa di che montagna. Spesso sono fatte a pezzi anche le più elementari regole di educazione letteraria: non sai chi sta parlando, non sai dov'è, non sai come si chiama, non riesci a capire cosa diavolo sta facendo. Così leggi, ma è come camminare nel buio, sentendo voci senza volto, intuendo paesaggi che non sai. Ce n'è abbastanza per lasciare perdere e in effetti uno volentieri lascerebbe perdere se non fosse che da quelle tenebre solenni risale una forza che avevi dimenticato, qualcosa di primitivo, come il mistero delle cose prima che qualcuno desse loro un nome: l'audacia di un'aurora dove tutto era già scritto.

L'orso è scritto così, e forse mi ha incantato più di altre pagine faulkneriane perché racconta proprio quell'aurora, la caccia dell'uomo a quell'aurora, l'amore e la ferocia di quella caccia. La storia, di per sé, sarebbe anche lineare e piuttosto risaputa: l'iniziazione di un ragazzino portato dai grandi alla caccia del vecchio orso invincibile e antico. Storia molto maschile (donne poche, e sullo sfondo), appesantita da tutto l'armamentario della discutibile retorica venatoria ("Un orso o un cervo si spaventano davanti a un codardo, come fa un uomo coraggioso", cose così). Animali indimenticabili e *machismo* epico. Hemingway ne avrebbe fatto un raccontino di sicuro successo. Faulkner ne fece una specie di sacra rappresentazione, celebrata sull'altare di una foresta impenetrabile, e stordita dall'incenso di frasi come questa (e *frase* non è ovviamente la parola giusta): "Di uomini, né bianchi né neri né rossi, ma uomini cacciatori, con la forza e la volontà di resistere e l'umiltà e la capacità di sopravvivere, storie di cani e dell'orso e del cervo in contrasto e in rilievo, nella e dalla natura selvaggia condannati e comandati allo scontro antico e implacabile secondo regole antiche e inflessibili che svuotavano ogni rimpianto e non davano tregua". Diciamo che i Goncourt scrivevano in modo diverso. Ma non bisogna pensare che allora si debba entrare in questo libro come se fosse una rappresentazione sacra di fronte a cui genuflettersi, facendo penitenza. Non sarei qui a parlarne. Lo faccio perché invece è un'avventura, emozionante. Si entra in quel racconto come il ragazzino entra nella foresta, e si impara ad abitarlo come lui apprende di quella foresta i suoni, le vie, il mistero. Con pazienza, magari leggendolo lentamente e a voce alta, vi ritroverete là dentro, dove l'orso invisibile lo intuite nel piccolo ammutolire del picchio o nella sua impronta deforme nel fango, così fresca da riempirsi d'acqua sotto i vostri occhi fino a versarne. Ci sapeva fare, il vecchio Faulkner, e quella storia ve la ritroverete addosso come di rado vi sarà successo, gli odori il freddo la paura. Consumandola fino in fondo, a un certo punto vi troverete a scoprire che da nessun'altra voce vorreste farvela raccontare, e allora sarete davanti all'Orso, finalmente, cioè molto vicini al cuore di quel borbottio che sembrava illogico e d'improvviso sarà l'unica lingua che in quel momento volete capire. Promesso.

5 febbraio 2012

Javier Cercas

ANATOMIA DI UN ISTANTE

"Me la ricordavo, quella specie di macchietta con la pistola in mano, in mezzo al Parlamento spagnolo. Non potevo resistere all'idea che Cercas aveva deciso di raccontarla"

Libro geniale, niente da dire. Sulla carta è la ricostruzione di un drammatico frammento della storia recente spagnola, cioè il fallito colpo di stato del 23 febbraio 1981. Ma se a fare un esercizio del genere è uno scrittore, si finisce in una zona minata dove fiction e realtà si intrecciano pericolosamente: ci hanno fatto naufragio in molti, da quelle parti. Cercas ha un talento micidiale ma per un po', in effetti, in quel triangolo delle Bermude si è perso: ha iniziato a scrivere un romanzo, l'ha finito, l'ha buttato. Poi ci è tornato su. Cercava un equilibrio tra finzione e realtà. Soprattutto cercava una cosa che gli scrittori conoscono bene, cioè un punto da cui guardare le cose che non esisterebbe se non ci fossero loro. Se non trovi quell'angolatura inesistente, stai facendo una fatica inutile. Un giornalista bravo farebbe il lavoro molto meglio di te. Che io sappia, scrittori che poi hanno trovato, davvero, la voce e lo sguardo per fissare la realtà storica delle cose e denudarla in un racconto irripetibile ce ne sono davvero pochi. Ma Javier Cercas ha un talento micidiale, l'ho detto, e alla fine ce l'ha fatta.

L'intuizione giusta l'ha avuta guardando e riguardando le riprese televisive degli eventi di quel pomeriggio. Se volete potete andarvele a vedere su YouTube. Il parlamento spagnolo stava votando la nomina di un nuovo capo del governo, la democrazia era ancora giovanissima (cinque anni), la fragilità politica del paese immensa. Le telecamere registrano stancamente i lavori. A un certo punto si sentono delle grida, qualcosa accade, i lavori si interrompono. Altre grida, trambusto. Poi nell'inquadratura entra la figura vagamente grottesca del tenente colonnello Antonio Tejero: nella sua divisa della Guardia Civil, una pistola tenuta in mano senza alcuna eleganza né fierezza, sale le scale che portano al seggio della Presidenza, poi si volta verso l'assemblea, e urla a tutti di non muoversi. Passano alcuni lunghissimi istanti di silenzio e di immobilità, come un buffo incantesimo. Poi altre grida e alla fine arrivano i colpi d'arma da fuoco, perfino delle raffiche di mitra. Volano dei calcinacci, irrompono altri militari e a un certo punto qualcuno intima ai parlamentari di buttarsi a terra: quel che accade allora è che tutti i parlamentari, cioè più di trecento politici, cioè l'intera classe dirigente del paese, tutti si buttano a terra cercando nei modi più grotteschi di sparire dietro ai loro scranni. Scompaiono. Tutti tranne tre: l'ex capo del governo Adolfo Suarez, il generale Gutierrez Mellado, e Santiago Carrillo, leader dei comunisti spagnoli. Nell'emiciclo improvvisamente deserto sopravvivono, imperterrite, le loro tre figure. Semplicemente si rifiutano di buttarsi a terra. Suarez rimane immobile, la schiena appoggiata allo schienale, una vaga stanchezza addosso, o indifferenza. Carrillo non smette di fumare la sua sigaretta. Il generale Mellado, addirittura, abbandona il suo scranno per andare a fronteggiare i militari, in piedi, il petto contro le pistole, sprezzante.

Dice Cercas che quei tre gli ricordarono una frase di Borges: "Qualunque destino, per lungo e complicato che sia, consta in realtà d'un solo momento: quello in cui l'uomo sa per sempre chi è". E gli venne in mente che quei tre, in quel momento, avevano saputo per sempre chi erano. Non lo abbagliava l'apparente audacia del gesto – quel resistere alla minaccia delle armi – e non amava particolarmente nessuno dei tre personaggi, anzi. Ma lo affascinò pensare che se fosse riuscito a entrare in quell'istante di immobilità irragionevole, avrebbe letto l'intera storia di quei tre, in una luce incredibilmente limpida, e nella loro storia la storia vera di quel golpe, e nella storia vera di quel golpe tutta la storia della Spagna post-franchista. Il punto di ingresso – un istante – era minuscolo, ma enormi gli spazi in cui poteva portare. Vide un gioco di specchi che prometteva meraviglie, e decise di seguirlo.

Da lì in poi si mise a lavorare usando pochissimo la fantasia e molto la voglia di sapere. Si è letto tutto quel che c'era sull'argomento e si è messo a intervistare i testimoni. Un lavoro di documentazione sterminato e accuratissimo. Poi si è messo a scrivere. Non un romanzo, ma un libro senza definizioni, in cui la mano dello scrittore sembra affiorare giusto nell'eleganza del porgere o nel ritorno periodico di certi tic stilistici. Nella sostanza è un libro di analisi, di ricostruzione, di ricomposizione di fatti e idee. Neanche per un attimo, però, è possibile leggerlo senza sentire chiaramente che l'ha scritto uno scrittore e questo – l'ho capito dopo un po' – perché sebbene l'invenzione e la finzione siano completamente bandite da quelle pagine, profondamente letterario è il punto di partenza, l'invenzione del punto di vista, la scoperta del gioco di specchi. Letterario e immaginario, perché tutto poggia su una frase di Borges troppo bella per essere vera e su un'ipotesi che è di pura invenzione: che quei tre, là immobili, non fossero il frutto di una circostanza fortuita, ma un geroglifico che raccontava loro stessi, la storia che accadeva addosso a loro, e la geografia politica e culturale che li stava incorniciando. Questa è pura invenzione. Tutto il resto no.

Questo meccanismo mi ha fatto pensare, e mi è sembrato genialmente inedito. In genere, quando gli scrittori si applicano alla ricostruzione di una certa realtà sociale o politica tendono a usare la fiction per intensificare i fatti, pensando che questo sia il loro compito: ingenerano così una specie di doping dei fatti attraverso cui ottengono, quando va bene, un'intensità emotiva maggiore e alle volte perfino una paradossale esattezza. Ma Cercas fa il contrario. L'unica cosa che è immaginaria è l'assunto, il punto di vista, tutto il resto è pronuncia dei fatti. Anche lui, alla fine, ottiene una sorprendente presa sulla realtà, ma per una via diversa che faccio fatica a non giudicare enormemente più corretta e civile. Così, benché irripetibile, questo libro ha finito per sembrarmi un modello, quasi l'enunciazione luminosa di un certo accostarsi letterario alle cose, rispettoso della realtà eppure ostinatamente fedele all'immaginazione. (Pensa un libro così sulla strage di piazza Fontana, mi son detto. In un certo senso mi son messo ad aspettarlo.)

12 febbraio 2012

Marc Fumaroli

LE API E I RAGNI.
LA DISPUTA DEGLI ANTICHI
E DEI MODERNI

"Potevo non comprare, mentre pensavo ai barbari, un libro con quel titolo?"

Come forse avrete già avuto modo di intuire, le dispute tra gli intellettuali sono da sempre, al di là dell'apparente eleganza, uno sport violentissimo, giocato alla morte in partite che possono durare decenni. La storia ne tramanda match di intensità magnifica, e tra i tanti va sicuramente annoverato uno dei più cruenti, quello che si giocò in Francia, alla corte di Luigi XIV, tra il 1685 e il 1715. Da una parte gli Antichi, dall'altra i Moderni: questi erano i nomi delle squadre. Tra le star in campo, gente come Boileau, Racine, Lully, Perrault, Corneille, La Fontaine. Colpi di tacco e legnate da una parte e dall'altra. Uno spettacolo.

Il punto del contendere lo si potrebbe riassumere così: gli Antichi sostenevano che nell'antichità greco-romana fosse stato raggiunto un apice di civiltà culturale a cui ritenevano necessario rifarsi costantemente, lavorando alla permanenza di quei valori di bellezza, moralità e sapienza senza i quali non c'era civiltà; i Moderni invece spingevano per un superamento di quei valori nella convinzione che il presente avesse in sé tutte le potenzialità per forgiare una nuova civiltà degna di questo nome, a livello di gusto, di linguaggio, di princìpi. I primi si rifacevano ai padri come ad autorità assolute, i secondi pretendevano il diritto e la capacità di essere padri di se stessi. Adesso la questione non vi sembrerà particolarmente originale, ma va ricordato che ai tempi la sua semplice formulazione aveva qualcosa di geniale, da tutte e due le parti: il culto dell'antichità, per noi scontato, non lo era stato affatto per secoli, e si può dire che, ai tempi, fosse un'invenzione relativamente recente e rivoluzionaria; d'altra parte l'idea che il *nuovo* fosse un valore di per sé, e la modernità una virtù, era un'idea fresca di giornata, una conquista culturale che ci aveva messo secoli a salire in superficie. In certo modo, quindi, a scontrarsi erano due intuizioni geniali, piuttosto recenti, e irrimediabilmente opposte. Potete immaginarvi la bellezza della partita. Se oggi possono giocare quella partita anche sui campetti di provincia, e ovunque si incontrino un vecchio professore e un giovane di talento, è perché quelli là, quella volta, *inventarono* quella partita.

Adesso qualcuno vorrà sapere chi la vinse. Ve lo dico: i Moderni. Quel che sappiamo per certo è che l'avvento dell'Illuminismo decretò la vittoria dei Moderni, traducendo in realtà dominante le loro rivendicazioni. Possiamo anche andare oltre e suggerire che la partita si rigiocò a cavallo tra Sette e Ottocento, quando gli Antichi si ripresentarono in campo con un nome nuovo (i Romantici) e una strategia diversa: fu molto combattuta e questa volta a vincere furono gli Antichi (i Romantici) con due buoni goal di scarto. Detto questo, tanto vale arrivare fino in fondo: la partita ce la stiamo giocando per la terza volta in questi anni, con lo scontro spettacolare tra la civiltà romantica, ancor vivissima, e i nuovi barbari (Steve Jobs e compagnia): gli Antichi asserragliati in area e i Moderni a tirare da tutte le parti. Dico questo, a costo di semplificare, per farvi capire come studiare la storia della cultura non è solo un vezzo da snob in convalescenza ma un modo per ricostruire la preistoria dei nostri pensieri, delle nostre domande e delle nostre risposte. È un viaggio dentro a noi stessi.

Vale la pena di farlo soprattutto quando si trova una guida capace di farci risalire il corso della storia con lucidità e nitore: *con facilità*. Ed è il caso di questo libro. Marc Fumaroli è un Accademico di Francia oggi ottantenne, un ammirevole maestro d'altri tempi. Erudizione, eleganza, stile. Ha tutto per affascinare. Con un'aggiunta che per me è risultata irresistibile: lui tiene per gli Antichi. È un ultras del conservatorismo. È uno che se mai leggesse *I barbari* (non lo farà mai), mi inseguirebbe fino in capo al mondo per prendermi a calci nel sedere. È il tipo di avversario che uno si sogna la notte. Noi siamo ormai figli di una civiltà in cui *il nuovo* è un valore idolatrato e la fede nel progresso un principio inattaccabile: dunque in quella fantastica partita seicentesca stiamo istintivamente dalla parte dei Moderni. Ma lui no. Lui sta meravigliosamente dall'altra parte, e per l'ennesima volta devo constatare che le battaglie bisogna farsele raccontare dagli sconfitti per capirle veramente, e così è successo effettivamente quando ho letto Fumaroli, e per la prima volta ho compreso davvero che la disputa tra Antichi e Moderni non era affatto una partita grottesca, pedanti contro illuminati, ma era una partita in cui erano geniali da tutt'e due le parti, tanto da convincermi come l'averla vinta sia stato assai più che un logico epilogo, ma un eroico colpo di mano, di cui solo adesso posso valutare a pieno l'ardimento e l'astuzia. Posso addirittura spingermi a convenire che con quella vittoria si mise in moto un'epica del modernismo che ci ha fatto fare un sacco di sciocchezze, oltre a una cosa sensatissima, cioè inventare il piacere del futuro. E per quanto possa sembrare assurdo, più facilmente mi sembra di capire, per aver letto questo libro, che nella partita che ci stiamo giocando adesso vinceranno i barbari, e lo faranno avendo torto, ma lo faranno, per la forza incontrastabile della giovinezza, del talento e della follia.

19 febbraio 2012

Stefan Zweig

MAGELLANO

"Comprato perché non mi veniva in mente una sola cosa che potessero avere in comune uno scrittore mite come Zweig e un avventuriero pazzo come Magellano"

Ora è difficile crederlo, ma Stefan Zweig fu negli anni venti e trenta del secolo scorso un autore di best seller planetari (il pianeta era più piccolo, allora). Era ebreo, austriaco, nato in una famiglia decisamente ricca, compagno di strada di gente come Richard Strauss, Freud, Schnitzler. Convinto pacifista, si fece in un ufficio la Prima guerra mondiale, e all'avvento del nazismo prese senza far molto rumore la via dell'esilio. Non si ricordano sue prese di posizione clamorose: continuò a scrivere quel che gli piaceva scrivere, e a scappare con grande dignità. Prima l'Inghilterra, poi gli Stati Uniti, infine il Brasile. Lì, a Petropolis, si tolse la vita, nel 1942, all'età di sessantun'anni, quando l'esplosione della Seconda guerra mondiale gli sembrò inevitabile. Se devo credere a Wikipedia (e non sempre le credo) accompagnò il suo gesto con questa bella frase: "Penso sia meglio concludere al momento giusto e con la schiena diritta una vita per la quale il lavoro intellettuale è stato la più pura delle gioie, e la libertà personale il bene più alto". Sarebbe proprio bello se l'avesse detta, o scritta, davvero.

Annoto tutto questo perché ha a che vedere con le ragioni che mi hanno fatto amare questo libro. Trovo commovente che un intellettuale ebreo, posto di fronte al dilagare della barbarie nazista, nel 1936, nulla trovò di meglio da fare che *dedicarsi a una biografia di Magellano*. Posso assicurare che la vita del famoso navigatore non poteva avere nessun particolare valore simbolico, in quel momento: per quanto bella, non offriva proprio appigli a un eventuale riferimento all'orrore di quegli anni. Era proprio quel che sembrava: pura gioia del lavoro intellettuale. Così, mentre leggevo il libro, pensavo a quando quell'uomo l'aveva seminato, contro ogni logica, in un momento in cui avrebbe piuttosto dovuto seminare indignazione e rifiuto per quello che stava succedendo, e invece si chinò a seminare quella pianticella esotica, con grande cura, e quello che pensava, evidentemente, era che qualcuno avrebbe poi raccolto, chissà quando, il frutto della sua semina, e in effetti adesso posso dire che era così, qualcuno avrebbe raccolto, cioè io, e questa pagina, e tutti coloro che hanno letto quel libro e tutti quelli che lo leggeranno. In questa mite idea di lavoro intellettuale riconosco una sfumatura che amo, e che mi fa raccogliere sempre di malavoglia le prediche, di solito proterve, di coloro che credono lo scrivere un gesto obbligatoriamente di denuncia, di partecipazione politica, di impegno civile. Non so, non è detto. Si semina, alle volte, incuranti della Storia, inermi fino all'eroismo, per il puro piacere di seminare qualcosa che verrà raccolto. Lo considero un modo non solo legittimo, ma perfino sublime, di vedere le cose.

E poi l'ho letto con grande piacere, questo suo libro – nonostante sia scritto in modo non indimenticabile, giusto amabile ed elegante – perché fantastica è la vita di Magellano. In un mondo in cui sembra essere diventata fondamentale la distinzione tra vincenti e perdenti, quella vita contribuisce a rimettere le cose a posto, cioè a ricordare come la linea di demarcazione tra vincere e perdere non sia mai così stupidamente netta come *X Factor* tenderebbe a suggerire. Magellano si guadagnò fama imperitura dimostrando che effettivamente si potevano raggiungere le Indie navigando verso occidente (non le Indie patacca di Colombo, quelle vere). La cosa lo portò a essere il primo uomo nella storia dell'umanità a superare la barriera delle Americhe e dunque a circumnavigare il globo, dimostrando così che, in effetti, la terra era rotonda (lo sapevano, a quel punto, ma nessuno era andato ancora a toccare con mano). Naturalmente andava per supposizioni, e in effetti prese delle cantonate pazzesche, prima fra tutte quella di entrare nell'Oceano Pacifico credendo che fosse quello Indiano. Comunque sia, la sua impresa la fece, e così, sulla carta, andrebbe considerato un vincente. Ma la sua vicenda non è così semplice. Era un portoghese e per realizzare il viaggio dei suoi sogni tradì il suo re e veleggiò per gli spagnoli, tenuto in scarsa considerazione pure da loro, che i traditori non li amavano per principio. Per quanto ardita, la rotta che lui aprì si rivelò inutile: troppo rischioso passare per lo stretto che poi prese il suo nome e che lui aveva cercato con un'ostinazione delirante lungo tutte le coste della Patagonia: per rischiare la vita lì, preferivano caricarsi tutto in spalla e scavalcare a Panama. Agli uomini con cui compì l'impresa inflisse sofferenze inaudite e una statistica feroce: 234 i partiti, 18 i superstiti che più di due anni dopo tornarono a Siviglia. Tra i morti, tanto per completare il quadro, lui, Magellano. Morì in modo idiota, nelle odierne Filippine, combattendo una guerrucola tra isolani, alleato di un re locale. Gli indigeni lo fecero a pezzi, sulla spiaggia, e dispersero nel nulla il suo corpo. Da allora si possono trovare molte vie con il suo nome, ma non una tomba.

Adesso tu dimmi se uno così ha vinto o ha perso.

26 febbraio 2012

Mario Sconcerti

STORIA DELLE IDEE DEL CALCIO

"Devi assolutamente leggerlo, mi ha detto un amico con cui potremmo passare ore a discutere sui difetti del 4-3-3. Aveva ragione"

Ecco un libro che, a esserne capace, avrei adorato scrivere io. Il punto non è raccontare la storia del calcio, ma le mutazioni con cui nel tempo si è pensato alla tattica di gioco: date quelle regole e quel campo, il resto è immaginazione, percorsi della mente, iperboli della fantasia. Come si è arrivati a inventare il Libero? E perché a un certo punto ci si è messi tutti a giocare a zona? Mutazioni. Naturalmente la cosa mi affascinerebbe anche se non amassi il calcio, perché qualsiasi gioco rappresenta in vitro il gioco più allargato dello stare al mondo, e dunque la possibilità di studiare in laboratorio cosa è successo in un gioco particolare ha buone probabilità di rimandare a certi movimenti della mente con cui nel tempo abbiamo affrontato la sfida col senso della vita, del pianeta e dell'umanità. Non scherzo, e per dimostrarlo faccio un esempio.

Non saprei spiegare meglio cosa sono i barbari (nell'accezione che ho dato a questo termine) e in definitiva la mutazione culturale e antropologica che stiamo compiendo, se non facendo vedere un breve video che un amico, sapendo che mi dilettavo di quei temi, mi ha spedito un giorno. Lo potete trovare su YouTube: è una sintesi (6 minuti) di Olanda-Uruguay giocata ai mondiali del '74: forse la prima epifania ufficiale di quello che poi si sarebbe chiamato il calcio totale. Una lezione. Gli uruguagi erano forti, tosti, menavano come fabbri e giocavano un calcio pratico ed efficace; gli olandesi svolazzavano a velocità inaudita in un modo incomprensibile e, tra colpi di tacco, grullate varie e tiracci in tribuna, giocavano una cosa meravigliosa che non si era mai vista. Attaccavano il portatore di palla in sei o sette (come presi da un improvviso odio personale), non tenevano la palla tra i piedi per più di due tocchi (spesso ne bastava uno), scattavano in zone del campo in cui avresti detto che non c'era nemmeno il campo, schieravano la difesa così alta che a un certo punto – un punto quasi commovente – gli uruguagi finiscono in fuorigioco in SETTE, e bisogna vedere le facce. Uno spettacolo. Il risultato non me lo ricordo nemmeno (be', diciamo che non vinsero gli uruguagi) ma l'elementare contrapposizione di due culture, una morente e l'altra straripante, è così luminosa che la capirebbe anche un bambino. Non sta accadendo altro, adesso, intorno a quel bambino, nel mondo che è il nostro.

Per cui l'idea di ripercorrere le mutazioni tattiche della storia del calcio è a suo modo geniale, e sicuramente istruttiva. Non è detto che le avventure della mente siano sempre da studiare tampinando Goethe, o Adorno, o Freud. Anche il calcio va benissimo. Soprattutto se raccontato con la competenza e la gradevolezza di cui è evidentemente capace Sconcerti. Niente di particolarmente cervellotico, ma una bella carrellata dalle origini al Mondiale vinto dagli azzurri di Lippi in Germania. Inutile dire che è una collezione di ricordi e aneddoti irresistibile. Mi ha fatto morire sapere che il cognome di Nereo Rocco, in origine, era Rock (venivano da Vienna): e mi è piaciuto ricordarmi come entrasse in campo sempre in giacca, cravatta e scarpette da calcio (per via del fango, diceva lui, per via che amava stare con i piedi per terra, dice Sconcerti). Ho amato ricordarmi di Liedholm, il signore pacato che importò la zona in Italia, infrangendo il tabù delle marcature a uomo (quando gli chiesero perché l'aveva fatto lui disse che così non doveva pensare tutte le volte alle marcature). Mi sono tornate su in modo struggente e da lontananze abissali parole che oggi non si usano praticamente più e che hanno una bellezza che non saprei dire: *tornante* (un participio presente!), *oriundi* (etimologia inesplicabile, nella mia mente di bambino significava "artista"), *stopper* (chiaramente onomatopeico, è il rumore che fa una puntonata contro la tibia). Mi son sentito raccontare momenti invisibili che hanno però cambiato la storia del calcio: uno è il pomeriggio in cui Sacchi passò a Baresi una videocassetta per studiare come, al centro della difesa del Parma, giocava Signorini (fatte le debite proporzioni è come passare a Proust un libro di Simenon per spiegargli cosa vuol dire raccontare). Un altro proprio non lo conoscevo: dice Sconcerti che il sabato prima di partire per Lisbona, per il viaggio da cui nessuno tornò vivo, quelli del Grande Torino giocarono con l'Inter: non avevano tutto questo vantaggio, in campionato, e il presidente (il mitico Ferruccio Novo) disse chiaro e forte che se perdevano quella partita, a Lisbona col cavolo che ci andavano. Finì zero a zero e adesso la vorrei tanto rivedere, quella partita, perché bastava un rimpallo fortunato, una disattenzione della difesa, un errore arbitrale e quelli sarebbero stati il Grande Torino ancora per un sacco di tempo. Il calcio vive di episodi, si dice, e anche la vita, bisogna dedurne. Con grande divertimento ho risentito parlare di Herrera ("Non è stato il miglior allenatore, è stato il primo"), scoprendo che parlava tanto, fuori dal campo, e neanche una volta, durante la partita: si scoprì poi che era terribilmente miope e che la partita mica la vedeva tanto. E infine ho trovato, in cinque righe (complimenti a Sconcerti), quello che non riesco mai a spiegare a mio figlio quando mi chiede chi è quel signore distinto che parla alla tivù. Paolo Rossi, dico, già un po' offeso. E chi è?, dice lui. Come chi è? Il Mundial, Pablito, quelle cose lì! Ma era forte?, allora lui mi chiede. E lì non so spiegare. Ho i suoi goal in quel Mundial stampati nella memoria (avevo 24 anni, santo cielo), ma non glieli so spiegare.

Adesso finalmente posso farlo. "Paolo Rossi giocava molto meglio da ragazzo quando era un'ala destra veloce e piena di talento. Al centro dell'area era come se tutto il suo talento l'avesse barattato con un ritmo di partita solo suo. Non vedevi niente, era come un deserto. In area si alzava della polvere, intuivi un gruppo di corpi, e se la palla andava in porta era stato Paolo Rossi." Giuro, era esattamente così.

4 marzo 2012

William Goldman

LA PRINCIPESSA SPOSA

"Come ho già detto, in genere gli sceneggiatori, per ragioni misteriose, non scrivono bei libri. Ed ecco qua, subito, una clamorosa eccezione"

Era dai tempi del *Mondo secondo Garp* che non mi divertivo tanto (be', leggendo un libro, naturalmente). Goldman non sapevo chi fosse ma in realtà avrei dovuto saperlo: se uno scrive film come *Butch Cassidy*, *Il Maratoneta* e *Misery non deve morire*, tu DEVI sapere chi è. Ma insomma, non avevo memorizzato quel suo nome un po' ordinario, e così, nella fretta della spesa in libreria, quando è tardi e te la stanno chiudendo addosso, alla fine il libro l'avevo preso giusto per fiducia cieca nella prefazione scritta da Cavina (è uno scrittore italiano, per chi non fosse già pazzo di lui). Diceva Cavina che *La principessa sposa* restituiva l'incanto dei primi libri che leggi, da ragazzino, proprio i primi, quando ancora non te l'aspetti. Non ti aspetti che possano fare quell'effetto lì: tipo che diventi uno dei ragazzi della via Paal, o che quando un personaggio muore tu ti senti morire. Diceva anche, Cavina, che lui l'aveva letto tutto in un giorno, senza riuscire a smettere (lui è romagnolo, però). Insomma, valeva la pena di provare.

Già la prima frase non è niente male: "Fra tutti i libri del mondo questo è il mio preferito, anche se non l'ho mai letto". Suona demenziale, ma giuro che invece, letto il libro, risulta perfettamente logica. È che bisogna entrare nel meccanismo del romanzo, che è deliziosamente bizzarro. Volendo provare a spiegare, Goldman fa finta di ripubblicare un libro che da bambino gli aveva letto suo padre, e di cui si era innamorato perdutamente. Il libro di un tale Morgenstern. Dato però che il libro, benché meraviglioso, conteneva inspiegabili divagazioni di insostenibile lunghezza e noia, Goldman ne fa un'edizione un po' ripulita, intervenendo a riassumere le pagine inutili. Vi sembra complicato? Riassumo: praticamente Goldman si è scritto da sé il libro che lo avrebbe fatto impazzire quando aveva dieci anni se suo padre gliel'avesse letto saltando le parti pallose.

Non so se vi ricordate che tipi eravate a dieci anni (se la risposta è no, qualcosa non va, gente!). A quell'età, cosa avreste desiderato da un libro? Esattamente ciò che troverete nella *Principessa sposa*, e cioè, per usare le parole dell'autore, "Scherma, lotta, tortura, veleno, vero amore, odio, vendetta, giganti, cacciatori, uomini malvagi, uomini buoni, belle dame, serpenti, ragni, dolore, morte, uomini coraggiosi, uomini codardi, inseguimenti, fughe, menzogne, passione, miracoli". Posso confermare che in effetti c'è tutto. E anzi, la lista potrebbe essere più lunga. Aggiungo che, nella sostanza, si tratta di una avventurosa storia d'amore: lei è la ragazza più bella del mondo (quindi, comprensibilmente, un tantino scostante, per usare un eufemismo) e lui è uno che la ama sopra ogni cosa, con abnegazione assoluta e una forza fiabesca. Per dare un'idea del rapporto, può servire un piccolo dialogo che si consuma dopo che lui l'ha salvata da tremende avventure con un'abilità inenarrabile. In teoria lei dovrebbe per questo amarlo per una decina di vite, ma la realtà è che quando il Cattivo li cattura (un Principe di una malvagità indimenticabile), lei non ci mette più di venti secondi a mettersi con il Cattivo pur di avere salva la vita. Ed ecco il dialogo:

Lui: "Tu preferisci vivere con il Principe piuttosto che morire col tuo amore".

Lei: "Preferisco vivere che morire, lo ammetto".

Lui: "Parlavamo d'amore, signora".

Ovviamente Flaubert è un'altra cosa, o anche solo Philip Roth, su questo non c'è dubbio. Infatti qui siamo in un campo da gioco che probabilmente non si merita il nome di letteratura, e che tuttavia non è meno prezioso, perché è la riesumazione postuma e apocrifa di ciò che chiamiamo narrativa per ragazzi, solo convertita, con un'acrobazia bizzarra, in piacere per adulti. Sulla carta non aveva una sola possibilità di funzionare. E invece devo dare ragione a Cavina e annotare che, se proprio non l'ho letto in un solo giorno, certo 'sto libro me lo sono divorato con infinito piacere: e sono sicuro che la cosa abbia a che vedere con la bravura di Goldman assai più che col mio livello di rimbambimento senile. La verità è che ho trovato così raro, per il lettore che ormai sono diventato, arrivare fino alla fine di un libro da cui non imparavo niente (la morale della storia è enunciata nell'ultima riga, e non è che mi suonasse nuova: "La vita non è giusta. È solo più decente della morte, tutto qui"). Non so perché ma ormai finisco solo i libri che mi insegnano qualcosa o che sfoggiano una lingua che mi meraviglia. È come se non avessi più tempo per tutto il resto. Solo maestri o voci irripetibili. Goldman non è né l'uno né l'altra, eppure il suo umorismo, la sua leggerezza e la sua vecchiaia infantile, mi hanno portato via senza fatica, facendomi sentire nelle gambe una facilità da lieve discesa che l'aver scalato così tante montagne, negli anni, mi aveva fatto quasi dimenticare. Da bambino, con gli occhi in un libro, non sapevo camminare in altro modo, e adesso mi rendo conto che, come per tutto il resto, anche per la lettura vale la regola implacabile per cui si è al posto giusto solo quando non si hanno le carte per capire che lo è. Lo dico senza rimpianto, non c'è nulla da lamentarsi, non è grave, ma le cose stanno così. Perché la vita non è giusta, è solo più decente della morte, tutto qui.

11 marzo 2012

J.M. Coetzee

VERGOGNA

"Chi se lo ricorda, perché l'ho comprato. Certo non perché aveva vinto il Grinzane Cavour, come strombazza la quarta di copertina"

Poi ci sono quelli che hanno il dono. Non si può chiamare altrimenti quella facilità nello scrivere che cancella ogni traccia dietro di sé rendendo impercettibile la mano dell'artigiano. L'equivalente, in letteratura, di quello che Clint Eastwood fa nel cinema: quando lui gira ti dimentichi che esista un regista; come se ci fosse un punto, uno solo, assolutamente naturale, in cui mettere la macchina da presa: e lui, ogni inquadratura, lo becca. Non diversamente scrive, ad esempio, Philip Roth, in assoluto il più grande, se dobbiamo parlare di dono, di facilità, di mano invisibile (sì, però, perché non si riposa un po' e ci lascia tranquilli qualche mese, io avrei ancora da digerire interamente *Pastorale americana*. Possibile che il golf gli faccia proprio così schifo?). Un altro è Coetzee (no, non lo so come si pronuncia, esattamente). Anche lui, come Roth, mette la macchina da presa nell'unico punto giusto, e lo fa pressoché a ogni frase, col risultato finale di una prosa inevitabile e perfetta: quel genere di illusione che ti danno le foglie degli alberi, quando le guardi bene. Questo tipo di prosa offre uno straordinario vantaggio: dato che azzera gli spigoli della lettura, riducendo al limite la fatica di decifrare la scrittura, permette al lettore di usare l'intero cervello per pensare a quel che legge, visto che non fa nessuna fatica a capirlo. Dato che il sentiero è in discesa e pulitissimo, guardi meglio il paesaggio. Il paesaggio, nei libri, è l'intelligenza dello scrittore.

In questo senso, Coetzee a me è sempre parso perfino meglio di Roth. Ha una intelligenza più cattiva, più sarcastica, più feroce. Ed è politicamente scorretto in un modo fastidioso e brutale, non in quel modo un po' da party newyorkese che ha Roth. Sentite questa (*Vergogna*, pag. 91). "Amore saffico: una scusa per ingrassare". Si può essere delle merde in modo così fulminante? Ma non è sempre una faccenda di cattiveria. Spesso è un'intelligenza solo impietosa, ma tagliente oltre ogni dire. Sempre in *Vergogna*, c'è ad esempio una riflessione (attribuita, come la precedente, al protagonista) che io trovo geniale. Sono solo tre righe quindi le copio qui: "La sua personale opinione è che l'origine del linguaggio vada cercata nel canto, e l'origine del canto nel bisogno di riempire con un suono un'anima umana sovradimensionata e alquanto vuota". A me non era mai venuto in mente che gran parte dei dolori degli umani potesse venire da un problema di taglia. Un'anima sovradimensionata. Spiegherebbe un sacco di cose, questo tragico errore di valutazione nel gesto sartoriale del Creatore. Stiamo nella nostra anima come bambini nella tuta da sci del fratello più grande. Certo che poi si sente quel certo vuoto...

In *Vergogna*, questo tipo di lancinante intelligenza è applicata a due o tre temi, ma quello che mi è rimasto impresso è uno, in particolare: l'inadeguatezza dell'intellettuale. Succede che il protagonista, un raffinato accademico umanista, si trova a parcheggiarsi dalla figlia, in campagna, in un mondo che non c'entra nulla con la sua vocazione di intellettuale urbano. Contadini, veterinari, gente che fa cose con le mani, gente che ripara gli steccati. E naturalmente, anche, banditi, violenti, primitivi. Che si tratti di reagire a un'aggressione feroce, o di curare un cane malato, il professore, con tutta la sua cultura, si trova a essere costantemente inadeguato, inutile, vergognosamente non attrezzato. È un fenomeno che conosco. A me basta andare ad affittare un gommone, o andare a comprare la fontina in un alpeggio per trovarmi davanti a persone che detengono un sapere raffinatissimo, di fronte al quale posso solo contrapporre un'ignoranza umiliante. D'improvviso, a saper vivere, sono loro. Sanno come avvolgere una cima, che tempo farà domani, i nomi degli alberi, le dinamiche dei venti, come vestirsi, dove sedersi e dove no, come non farsi male. Sono elementari, primitivi, spesso non hanno mai aperto un libro, eppure dopo un po' non riesci a cacciare questa rovinosa sensazione che sappiano stare al mondo meglio di te, forse perfino educare i figli, al limite abitare la loro anima sovradimensionata. È intollerabile. E io, con tutti i libri che ho letto? Possibile che debba stare lì come un fesso, a farmi insegnare a vivere? È in quei momenti che io, come il professore di Coetzee, finisco per chiedermi: ma cosa so fare, io? Con tutto quello che ho studiato e fatto, cosa so fare io, veramente?

Cosa sanno fare gli intellettuali?

Io ad esempio, so leggere *L'infinito* di Leopardi. Voglio dire che so leggerlo bene, so da dove viene quella bellezza, so trovare il suono giusto per ogni parola, so perché è fatto in quel modo, ne conosco la musica perfettamente e so con precisione cosa pronuncia e racconta. Ci ho messo anni, ho lavorato duro, e ora lo so leggere bene. Adesso la domanda è? A cosa serve? Serve a qualcosa? Non sarebbe stato meglio studiare i venti e il nome degli alberi?

Fra una settimana parlerò di un libro di Christa Wolf. E lì, ad esempio, c'è una risposta. Una delle migliori che io abbia da parte.

18 marzo 2012

Christa Wolf

NESSUN LUOGO. DA NESSUNA PARTE

"Un libro con un titolo così bello si compra, e basta"

Ogni tanto, stufi del bello scrivere degli anglo-americani, smerigliato e insopportabilmente giusto, si torna a un certo scrivere europeo, immensamente meno confezionato, così incauto e ambizioso, irregolare. Va da sé che ci vuole più pazienza, e più dedizione – forse addirittura più cultura e gusto – ma talvolta è un ritorno glorioso. *Nessun Luogo. Da nessuna parte* è secondo me il capolavoro di Christa Wolf, con buona pace di *Cassandra*. Quando lo lessi la prima volta – era un'edizione Bur, e io ancora mi annoiavo a leggere Hemingway – ero abbastanza giovane da rimanerne folgorato: fu un'epifania scoprire cosa riusciva quella donna a fare con il marmo severissimo della sua scrittura, le curve e le morbidezze che riusciva a suscitare col suo scalpello. Non avevo mai letto qualcosa di più gelidamente tiepido. Ed era tutto commovente, senza mai smettere di essere severo. Molti anni dopo, la riedizione della e/o me l'ha fatto ritornare sotto gli occhi, e mi ricordo che lo aprii temendo molto, perché gli amori dei trent'anni hanno spesso una scadenza, come gli yogurt. E invece era ancora lì, quella bellezza inimitabile, intatta ed evidente, perfino resa più preziosa dal mio aver imparato, nel frattempo, le domande a cui quel libro rispondeva. Non vorrei, con questo, generare false aspettative: è un libro tosto, per lettori forti, e anime sghembe. Astenersi perditempo e lettori di thriller.

Accade tutto in un salotto borghese, un pomeriggio del 1804, a Winkel sul Reno – benché *accadere* non sia probabilmente il termine giusto, se non per quelli che lo applicano anche a cose invisibili, micromovimenti dell'anima, frasi appena pronunciate. Gli altri direbbero che non accade nulla.

Nel mite salotto borghese, dove buona educazione e disciplinata intelligenza sono la regola, il caso ha riunito due anime irregolari, un uomo e una donna, giovani, scandalo e attrazione della compagnia. Lui se ne sta in un angolo, le dita strette sul bracciolo della poltrona, le nocche bianche: un naufrago che si tiene aggrappato. Lei ha una qualche bellezza che la tiene al centro dell'attenzione, e un'intelligenza che è come un gorgo a cui la gente si avvicina per curiosità e da cui si allontana per prudenza. Non si sono mai visti prima. In quel salotto si conoscono, dunque, ma la parola giusta, qui, è, ovviamente, *riconoscono*. Belli i loro nomi: Kleist, lui, Gunderrode, lei. Christa Wolf li prese in prestito dalla Storia: sono due personaggi effettivamente esistiti, entrambi poeti, entrambi morti suicidi. Non sembra che, nella realtà, si siano mai incontrati. Nel libro si sfiorano, e tanto basta a farli sembrare due lancette sorelle, sul quadrante del mondo, a segnare un'ora irragionevole e malata.

Se avete esperienza diretta del male che fa un eccesso di sensibilità, in questo libro ritroverete le parole che lo pronunciano, con ferocia e delicatezza. Qua e là, perle magnifiche. C'è anche la più elegante dichiarazione d'amore che io abbia mai letto: "Volevo dirLe che sarebbe certo una cosa terribilmente innaturale che noi due non diventassimo amici strettissimi". Proprio nella prima pagina c'è una citazione di Kleist, quello vero, che a lungo mi è parsa tutto ciò che avevo da dire di me stesso: "Dentro di me io porto un cuore, come una terra del Nord il germe di un frutto del Sud. Si sforza, si sforza, ma non riesce a maturare" (mi sopravvalutavo, è ovvio, ero giovane). E, in mezzo a tanti pensieri incerti, mi ricordavo bene quella frase, una, brillante di sicurezza: "Se smettiamo di sperare, succede quel che temiamo, questo è certo". Perle.

(Parentesi riservata ai lettori abituali di questa pagina. La risposta che la Wolf dà alla domanda "Cosa sanno fare gli intellettuali", è la seguente: sanno dare i nomi alle cose. Pur nella mia deferente ammirazione per la gente di montagna, di cui subisco stupidamente il fascino, non riesco ad esempio a dimenticare la curiosa circostanza per cui, per lungo tempo, le vette delle montagne non hanno avuto nomi. La tanto sapiente gente di montagna dava un nome ai colli, ai passi, perché era utile darglieli, ma non era arrivata alla sublime astrazione di nominare vette su cui non era mai salita, poiché era inutile farlo. Solo quando in qualcuno insorse l'irragionevole istinto a salire là sopra, per il puro gusto di portare a compimento la Creazione, nacquero i nomi delle montagne. Lo stesso vale per la geografia più invisibile dell'umana sensibilità. Quel che è proprio degli intellettuali, che siano poeti o studiosi, è salire su vette apparentemente inutili del sentire umano e dar loro un nome. Nel caso specifico, Kleist e la Gunderrode nominano le vette di un dolore che prima avevano scalato e poi, degni di farlo, nominato: la loro precisione è spettacolare. Da allora, milioni di persone, dal fondo valle, possono alzare lo sguardo e percepire quelle vette come se gli appartenessero, e questo per il solo fatto che ne posseggono il nome, amabilmente portogli dal lavoro massacrante di qualcuno più ardito di loro.)

25 marzo 2012

Donald Kagan

LA GUERRA DEL PELOPONNESO

"Dopo Tucidide, il miglior testo da cui farsi raccontare la madre di tutte le guerre"

È noto che la più difficile manovra militare è la ritirata: quasi impossibile eseguirla senza fare boiate. Nella grandiosa ritirata strategica che la civiltà dei libri ha intrapreso, incalzata da barbari vari e indecifrabili svolte tecnologiche, non è raro rimanere stupefatti da manovre che lasciano costernati. Saranno anche dettagli, ma non riesco a non notarli. Recentemente, ad esempio, ho dovuto registrare che in edicola si vendeva *La costituzione degli Ateniesi* di Aristotele a un euro. Fin lì, passi. È che ne hanno vendute qualcosa come centocinquantamila copie. Se vi va di entusiasmarvi per numeri del genere, fatelo pure. Ma vorrei essere chiaro: mettere in edicola a un euro *La costituzione degli Ateniesi* è come piazzarsi in un luna park con uno Stradivari e per un euro farlo suonare per cinque minuti a chi è disposto a pagare quella cifra (lo zucchero filato è più caro). Magari arriva qualche *amateur* che ha i suoi cinque minuti di legittimo piacere puro: gli altri, ovviamente, me compreso, possono giusto tenerlo in mano. Va già bene se non cercano di suonarlo come una chitarra. Una tristezza. Che c'è di male?, chiederete voi. Non lo so, e non voglio aprire un dibattito. So, semplicemente, con istintiva certezza, che non è la cosa giusta da fare. Ho capito che siamo ormai alle grandi svendite, ma non importa. Con tutto il rispetto, quella cosa lì sarebbe meglio non farla. E se non capite il perché, non lo capirete mai.

Quel che posso fare volentieri è dedicare questo

articolo a quei centocinquantamila. Dunque, il mondo della Grecia classica è un mondo molto complesso e infinitamente affascinante: tra l'altro è ragionevole pensare che il nostro patrimonio genetico, se si parla di politica e cultura, venga quasi integralmente da lì. Come tutte le cose complesse ha bisogno, per essere conosciuto, di un approccio paziente e non precipitoso. Visto che da qualche parte bisogna incominciare, io consiglio di partire da questo libro che, oltre a costare più di un euro, racconta in modo autorevole, comprensibile e affascinante la guerra del Peloponneso. Atene contro Sparta, per ventisette anni. Due modelli politici a confronto. In palio, il dominio della Grecia. Più che una guerra, LA guerra. Credo sia lecito dire che la grandezza dell'Atene classica è inestricabilmente legata a quello scontro militare: ne fu la causa e l'effetto nello stesso tempo. Capite quella guerra e vi portate molto avanti col lavoro.

In particolare, vi aiuterà a collocare qualsiasi nozione sulla democrazia ateniese nel suo giusto contesto (cosa di enorme importanza, visto che la nostra idea di democrazia viene da lì). Detto in parole semplici: quando direte "democrazia ateniese" saprete cosa state dicendo. Mille storie ve lo insegnano, in quel libro, e sono una più bella dell'altra. Sentite questa (per me splendidamente emblematica di una delle fragilità di ogni democrazia). Dunque, succede che a un certo punto della guerra, mentre gli ateniesi sono fiaccati da una peste che li ha decimati e se la vedono veramente brutta, uno dei loro alleati, la città di Mitilene, nell'isola di Lesbo, passa dalla parte degli spartani. Avevano le loro ragioni per farlo, e lo fecero. Benché stremati, gli ateniesi capiscono che se gliela fanno passare liscia rischiano un effetto domino, cioè un "liberi tutti" che sfascerebbe il loro impero: perciò danno fondo a tutte le energie rimaste, umane e finanziarie, e vanno ad assediare Mitilene. Gli spartani, che avrebbero dovuto correre al soccorso di Mitilene, si perdono per strada (non erano sempre in forma come nel film *300*...). Mitilene cade e Atene si ripiglia la città. E qui inizia il pezzo formidabile della storia. Si riuniscono in assemblea, gli ateniesi, per decidere cosa fare degli sconfitti. Era il loro modo di gestire la cosa pubblica, un modo tanto delirante quanto geniale: si riunivano in assemblea e votavano, tutti. Si chiamava democrazia. Non bisogna prendere la cosa alla lettera, va ricordato che quando loro dicevano *tutti* intendevano dire tutti quelli degni di andare in assemblea, e questo significa, per essere franchi, il quindici per cento della popolazione. Si trattava comunque di un quindici, ventimila persone, e lo spettacolo, a immaginarselo, è pazzesco. Potete immaginare ventimila persone che discutono, sotto l'influsso della rabbia, della paura, dell'entusiasmo, dell'eccitazione, la pena da infliggere a una città traditrice? Non stupisce la decisione che presero: uccidere tutti i maschi adulti e vendere come schiavi donne e bambini. Una pulizia etnica. Votarono, decisero e andarono a dormire. Una nave salpò per portare a Mitilene l'agghiacciante verdetto (non esistevano mail). Il giorno dopo si risvegliarono e, passata la sbronza, iniziarono a chiedersi se l'avevano davvero fatta giusta. Riconvocarono allora l'assemblea (meraviglia) e si rimisero a discutere. A mente fredda, le sparate dei demagoghi di turno sembrarono meno convincenti, e il parere sobrio di alcuni moderati improvvisamente più condivisibile. Così decisero di cambiare il verdetto, condannando a morte solo i diretti responsabili del tradimento (alcune centinaia, comunque, e condannati senza processo) e risparmiarono la vita agli altri. Il problema però era che la nave era ormai partita, con il suo verdetto tragico a bordo. Allora (meraviglia 2) fecero salpare una seconda nave, che portasse il contrordine. Aveva un giorno di svantaggio. Ai rematori diedero viveri in abbondanza e promisero un premio se fossero riusciti a raggiungere la prima nave.

Ora dovete immaginare quelle due navi che si inseguono, nel silenzio del mare tra Atene e l'isola di

Lesbo, e ditemi se non c'è un modo più bello di riassumere la traballante coscienza etica di qualsiasi democrazia. (No, non ve lo dico, chi arrivò prima a Mitilene. Alzatevi, andate in libreria, sborsate più di un euro, comprate il libro e lo saprete. O cercate su Google, se proprio non vi è rimasto un grammo di poesia.)

1 aprile 2012

Fred Vargas

LA TRILOGIA ADAMSBERG

"Ma in realtà va bene qualsiasi titolo di Fred Vargas, purché ci sia il commissario Adamsberg"

Non vado matto per i gialli, odio i thriller. Lo dico serenamente e senza nessuna fierezza particolare. Semplicemente non fanno per me. Mi dà fastidio fisico trovarmi nella condizione, cara a molti, di divorare un libro per sapere come va a finire. Io trovo già abbastanza inelegante che i libri "vadano a finire", figuriamoci se mi piace farmi tenere sulla graticola da uno che ci mette cinquecento pagine per dirmi il nome di chi ha tritato il parroco. Devo anche dire che non riesco ad apprezzare la prodezza: fare arrivare un lettore alla fine di un thriller è come far arrivare uno che ha fame alla fine del tubo delle Pringles. Sai che roba. Fategli finire un piatto di broccoli bolliti a merenda, e ne riparliamo.

In generale penso che la ragione per cui vai avanti a leggere, nei libri, non dovrebbe essere che vuoi arrivare in qualche posto, ma che vuoi rimanere in quel posto lì. Non ho letto *Il Giovane Holden* o *Cent'anni di solitudine* per sapere come andavano a finire: mi andava di stare in quella luce, o leggerezza, o precisione, o follia, più tempo possibile. È un paesaggio, la scrittura, non va a finire da nessuna parte, è lì e basta. Respirarlo è quello che si può fare. E la trama?, dice. La trama non conta niente? Certo che conta, per carità, dei libri che non raccontavano niente ci siamo liberati anni fa, per favore non torniamo indietro. Però immaginate di stare seduti su una sedia a dondolo a godervi un paesaggio, nell'aria pulita del mattino. Ora provate per un attimo a smettere di dondolarvi. Non è la stessa cosa vero? La trama, in un bel libro, è il dondolio della sedia. E il vento che ridisegna l'erba di quel campo, il passare delle nuvole che saltuariamente cala ombre passeggere sui colori. Forse quel volo d'uccello, e in alcuni casi il rumore di un treno che passa lontano. La trama è quel che si muove nel paesaggio della scrittura, rendendola vivente. È l'increspatura sul pelo dell'acqua: è così importante che, in modo impreciso, la chiamiamo *mare*.

Capite allora che per uno che la pensa così i thriller siano un dispetto. Quando sono scritti coi piedi, un'offesa. Una certa gratitudine la nutro solo per quelli che si perdono per strada: quelli che nel loro procedere verso il nome dell'assassino si attardano a vagabondare un po', collezionando mondo intorno. Come un cacciatore che si perda a contemplare la campagna, o i cespugli di more. L'esempio classico, nell'ambito dei polizieschi, è Maigret: adoro come invece di cercare l'assassino si limiti spesso ad *aspettarlo*, ricostruendo semplicemente il mondo intorno a lui. Così io leggo e sto a Parigi, annuso portinerie, sfioro letti sfatti, sorseggio Armagnac e prendo il vento sui ponti: il nome del colpevole mi è a ogni pagina più indifferente (talvolta anche a lui, Maigret). Se arrivo alla fine è giusto perché in qualche modo resta il desiderio di mettere i pezzi a posto, ma così, per completezza, come raddrizzare il quadro sulla parete. Nulla di più.

L'ho detto, se siete dei giallisti non fate tanto conto sui miei soldi.

Resta solo da capire come mai allora si stia parlando di Fred Vargas, oggi, in questa pagina. La riposta più semplice è: lei scrive così bene. Posso tranquillamente distrarmi dall'intreccio, che mi accorgo *potrebbe* essere mozzafiato, e godermi il panorama: quei dialoghi perfetti, la comicità elegante, gli aggettivi scelti con cura, il ritmo della frase, l'assoluta assenza di soluzioni banali. Mi succedeva anche con Chandler: lo leggevo solo per lo humour impareggiabile, e per il sound fumoso e guascone: mai capito niente dell'intreccio. Io leggo i libri di Vargas perché non mi ricordo che sono thriller, tanto sono scritti bene. E metto nello "scrivere bene" anche una capacità di inventare personaggi, e tenerli su, che posso solo invidiare. No, dico, ma cos'è Adamsberg? Il suo modo di amare Camille, i due orologi, la cattiveria intermittente. Uno la cui risposta preferita è: "non so". Mi fa impazzire quella sua arte del tempo vuoto, il talento nello strappare parentesi di nulla alle sue giornate: chi è capace di quel vuoto, lo sa usare, ed è il suo caso. E il suo vice, Danglard? Io me lo sognavo da anni, poi l'ho trovato lì, ma ero sicuro che da qualche parte c'era. Non è tanto per i suoi cinque figli, o per i litri di bianchetto che si scola, o perché qualsiasi grande personaggio ha bisogno di una spalla: è quel suo modo di sapere le cose, tutte, e qualsiasi, in ogni momento. Irreale, naturalmente: ma che ci stanno a fare i libri se non per correggere il reale? E il tenente Betancourt, l'enorme donnone che può tutto? Io entrerei nella polizia, pur di aver a che fare con una così. Non so, Vargas li trova da qualche parte dell'immaginazione, dove riposa una qualche correzione della realtà, e nel restituirli sulla pagina ci vendica della modestia delle nostre giornate. Non saprei come chiamare un simile esercizio (letteratura?), ma sono lieto che esista, che qualcuno lo esegua così bene, e che io me lo possa godere quando proprio ne ho le tasche piene (bene, ho salvato dall'estinzione un'espressione italiana che aveva le ore contate).

8 aprile 2012

Rebecca West

LA FAMIGLIA AUBREY
PROPRIO STANOTTE
ROSAMUND

"Comprato perché la copertina era bella, gli angoli arrotondati, la carta di stampa insolitamente elegante"

Non vorrei creare troppe aspettative, ma non ho letto niente di meglio, in questi ultimi dieci anni. Sono tre volumi di un'unica saga famigliare che nei progetti della West doveva coprire buona parte del Novecento. In tutto, qualcosa come 1200 pagine (be', non siete costretti a comprarli subito tutti e tre). Molta Inghilterra, un po' di Scozia e di Irlanda. Due sorelle famose pianiste, un padre in fuga, un fratello irripetibile, i capelli di Rosamund, le ore infinite al Dog and Duck, l'indimenticabile signor Morpurgo: e il loro destino glorioso, come direbbe la West.

Rebecca West non sapevo chi era. Ormai lo sanno in pochi anche in Inghilterra. Un'amica di Virginia Woolf, ti dicono, e poi si fermano lì. Io sono ancora qui a chiedermi come mai non si dica il contrario: Virginia Woolf? Ah, un'amica di Rebecca West.

Dei tre volumi la West fece in tempo a pubblicare solo il primo, negli anni cinquanta. Al secondo e al terzo continuò a lavorare tutta la vita, mentre si dedicava ad altro e cercava, evidentemente, una perfezione che non trovava. Furono pubblicati, postumi, negli anni ottanta: senza un clamore particolare, direi.

Non so, non bisognerebbe mai scrivere delle cose che si è amato troppo, non ne esce mai nulla di buono. Tuttavia questo articolo glielo devo, alla West (non si può escludere che legga "Repubblica", là dove sta adesso), e quindi, certo del fallimento, proverò a spiegare com'è andata.

Non avendo capito che era una trilogia, a me è accaduto di iniziare dal secondo volume, *Proprio stanotte*. Le prime pagine, lo ricordo benissimo, mi parvero di una noia ineguagliabile. Raramente avevo letto qualcosa che procedesse più lentamente. Ma non lo faceva in modo forzato o virtuosistico: era tutto molto naturale. Era solo che quella donna aveva quel passo, e non c'era nulla che si potesse fare a riguardo. Mi ricordo che spesso continuavo a leggere pensando ad altro. Mi ritrovavo a girar pagina che a malapena sapevo cosa avevo letto. Eppure *giravo pagina*. Perché diavolo non smettevo? Un motivo, immediatamente percepibile, c'era: nello scorrere lentissimo di quel fiume, ogni tanto passava una barca. Una frase, una similitudine, un'osservazione minuscola, l'esattezza di un colore, la precisione millimetrica di un aggettivo. E non c'era passaggio di barca, per quanto raro, che non fosse davvero memorabile (in particolare le similitudini, da rimanere a bocca aperta).

Così, per un po' me ne sono stato ad aspettare il passaggio delle barche, paziente. Poi, pagina dopo pagina, senza accorgermene, ho cominciato a capire il fiume. È durata un po', e alla fine qualcosa è successo, perché, d'improvviso, *ero* in quel fiume. Non c'era più lentezza, ma un certo passo del cuore, irrimediabilmente giusto. Quel che prima mi sembrava una collezione sfinente di dettagli inutili adesso mi appariva come il corretto censimento delle cose, il minimo che si debba concedere al miracoloso esistere del mondo. Da lì in poi, è stato tutto facile. Avrebbe anche potuto non finire mai.

Così ho navigato per milleduecento pagine e adesso mi toccherebbe spiegare perché l'ho vissuto come un viaggio *struggente* (personalmente ritenevo deceduto questo aggettivo decenni fa, ma ora non ne trovo un altro per tradurre in una parola il sound di quel fiume, l'inclinazione di quello sguardo, il tono di voce, la luce). Non so, credo di essere rimasto abbagliato dalla calma con cui quella donna poteva scomporre una sensazione, uno sguardo, un sentimento. La calma silenziosa, mi viene da dire. Ci sono invisibili sfumature dell'esistere, del semplice esistere, che solo i libri sanno pronunciare: ma anche conta molto con che tono lo fanno. Quello della West non lo conoscevo, e probabilmente era quello che ero disposto ad ascoltare, in quel momento. Non sempre vuoi avere il fiato di Céline addosso o spellarti le mani tutto il tempo davanti ai virtuosismi di Proust; ci sono anche i momenti in cui non ti va di ridere alle battute di Salinger o ti viene la nausea all'ennesimo superlativo di Conrad. La West (che io non faccio fatica ad annoverare tra i grandi) aveva un suo modo, nel dissezionare gli umani, che mi ricorda la cautela sapiente con cui si dispongono dei fiori in un vaso. Sembrava annotare le verità dei viventi come se fossero un elegante arredo alla falsità della vita. Non aveva l'aria di voler risolvere o svelare alcunché: le andava di ridisporre le cose, una accanto all'altra, in un modo che ne testimoniasse la vocazione a un senso, e a una qualche bellezza. Nel farlo, non dava mai l'impressione di esibirsi in qualcosa di speciale, né di aspettarsi qualche ammirazione. Disponeva i suoi fiori, parlando intanto d'altro. Di rado ho incontrato un esercizio dell'intelligenza così privo di violenza. Così, nella luce di bagliori lentissimi, molto ho ricevuto di quanto non saprei vedere da solo, imparando una serenità che di solito non mi appartiene e un gusto che non saprei insegnare. L'ho fatto con la lentezza da lei stabilita e adesso gliene sono grato, perché alla fine l'ho appresa, e non di rado mi accade di richiamarla alla memoria, e di abitarla per un po': cosa che mi è fonte di passeggera, ma nitida, delizia. Riprendo a leggere a caso, passando le dita sugli angoli arrotondati delle pagine, e mai ne resto deluso. Tanto che perfino mi dispiace, un po', di parlarne oggi a gente che nemmeno incontrerò mai. O magari sì, in modo sotterraneo e indefinibile, tutti a nuotare nello stesso fiume.

15 aprile 2012

Lawrence Osborne

BANGKOK

"Com'è Bangkok?, avevo chiesto a un mio amico che c'era stato per un po'. Leggi qui, mi ha detto"

Strano libro. Un romanzo non lo è, un reportage neppure.

A me ha ricordato lo spirito dei *flâneurs* ottocenteschi e la letteratura che talvolta ne è nata: cronache da uno smarrimento, senza scopo apparente. Qui l'anomalia è che il *flâneur* si perde (o si ritrova, che è la stessa cosa) non in un boulevard parigino o in un parco viennese, ma in una specie di meravigliosa spazzatura post-moderna, cioè a Bangkok. Non so se ci siete mai capitati. Io per un paio di giorni, anni fa. Ne ero tornato con la vaga impressione che se Dio, invece di procedere a un'ordinata creazione, si fosse limitato a starnutire a casaccio sul pianeta terra, avrebbe creato Bangkok. Ma naturalmente non ci avevo capito niente.

Osborne, a sentir lui, ci è finito per una questione di denti. Doveva rifarseli e a New York costava troppo. A Bangkok con quattrocento dollari la sfangava. "L'Occidente era al di sopra delle mie possibilità." Naturalmente conosco decine di altri modi per risolvere il problema, ma a lui il più sensato sembrò trasferirsi in una megalopoli dove stanno in cottura permanente dieci milioni di umani, tutti dotati di una lingua, una scrittura e un'idea della vita che definire al di fuori della nostra portata è poco. Alla fine però aveva ragione lui: un semplice sistema rateale, e magari qualche giorno in più a lavorare sodo, non l'avrebbero portato a sprofondare nel grande minestrone thai per poi uscirne fuori, passabilmente sano, con tra le mani un libro di quelli che è bello leggere, e sarebbe stato bellissimo scrivere.

A spiegare Bangkok, va detto, quasi non ci prova: i misteri non si spiegano, si celebrano. Né gli andava di fare una specie di guida della città per sciroccati. Probabilmente quel che aveva in mente era fare un beato cavolo di niente, per un sacco di tempo: e lasciarsi crollare la città addosso, magari raccontando poi com'era andata. Arrivato lì, ha scoperto che c'erano un sacco di altri occidentali occupati a fare la stessa cosa, ognuno a modo suo. I più erano andati lì a spiaggiarsi, colmata la misura della buona volontà o esaurite le illusioni, per morire o sparire in un modo spettacolare. O almeno un po' allegro, ecco. Osborne li ha accettati come guide, senza farsi troppe domande, e il viaggio che ne viene fuori è qualcosa di speciale: seguirli mentre racimolano vita tra i vicoli della città viziosa e le pieghe del loro personale disastro è un viaggio al termine della notte, ma inaspettatamente meno letterario, e più vero, di quanto ci si possa aspettare. Se tendi a simpatizzare per la gente, e ti ritrovi al capezzale di un puttaniere inglese che, solo come un cane, ma circondato da infermiere a cui puoi ordinare champagne e magari altro, se ne sta in una corsia d'ospedale thai a farsi curare lo sfascio del proprio corpo, sei in un posto in cui tante cose devono sembrarti molto diverse. Qualche rigidità morale si scioglie e quel che pensi sia la dignità subisce uno scossone mica da niente. Osborne è molto bravo a registrarlo, senza farne una battaglia ideologica, e nemmeno una battaglia qualunque, giusto registrando la simpatia, e la sorpresa, per i modi inaspettati che la gente peggiore ha, talvolta, di essere migliore. Lo fa, va detto, con una scrittura veloce ma non qualunque, a cui l'afa soffocante di Bangkok ha tolto qualsiasi fighetteria ma non la memoria di cosa sia scrivere bene. Per dire, è uno che, davanti a un gruppo di ridanciane turiste scandinave, può scrivere una frase così: "parlavano a voce talmente alta che anche le pause avevano un suono".

Non so, io certi personaggi li incontro qualche volta sulle navette che portano ai gate, ai voli internazionali. La volgarità, la meta esotica chiaramente sessuale, i modi da padroni del mondo, la malcelata certezza di esser i più furbi. Non mi vergogno di dire che istintivamente li disprezzo. Non credo che sia per moralismo puro e semplice, anzi lo escludo. È che, dato per scontato il diritto degli umani a morire da vivi, e non da morti, non amo chi sostituisce la razzia al rito del seminare e del raccogliere. Ma devo dire che Osborne certe belle convinzioni te le rivolta che è un piacere. L'idea che molti occidentali vadano là per diventare vecchi in un mondo in cui i giovani non smettono di toccarli, la stai a sentire. A un certo punto scrive: "Il fatto è che sono finiti in un posto dove sono liberi di vivere quella virilità assoluta, non diluita, che gli etero generalmente ignorano". Come ho detto, non lo dice con un entusiasmo da battaglia ideologica, anzi della cosa gli frega abbastanza poco. Ma gli va di registrare che c'è gente la cui vita è finita, e da quelle parti trova il privilegio di poter sparire, agli altri e a se stesso, o di usare il corpo per altri fini che fare colonscopie, o di vivere in un enigma stupefacente che ogni giorno gli dà qualcosa da decifrare, o di sentirsi dispensato da qualsiasi vergogna, fosse anche solo per il gran caldo, o il sorriso che aveva quella là, passando sulla moto, quando si è voltata. E guardava proprio te, vecchio, solitario y final.

22 aprile 2012

Gianni Clerici

DIVINA.
SUZANNE LENGLEN, LA PIÙ GRANDE TENNISTA DEL MONDO

"Erano anni che mi chiedevo cosa poteva esserci di mitico in quella marionetta vestita di bianco. Ora lo so"

Suzanne Lenglen (1899-1938) appena sapevo chi era. Però avevo in mente quelle sue fotografie incredibili dove levitava in aria come una ballerina: sforbiciava a mezzo metro d'altezza, o si inerpicava nel cielo seminando gambe in giro come un compasso impazzito. Benché impugnasse un'inequivocabile racchetta, non sembrava mai che stesse giocando realmente a tennis: sembrava un'étoile intenta a esibirsi in una coreografia dei Ballets Russes, stranamente incentrata su un torneo di tennis. A completare l'assurdità della cosa provvedeva l'improbabile costume: quella signora dall'età indecifrabile sforbiciava in aria indossando un ampio cappello da matrimonio, una gonna lunga plissettata, spesso un cardigan, calze bianche da infermiera: quel genere di *mise* che ti aspetti dalla signorina che spinge la tua sedia a rotelle, se sei un ricco infartuato anni trenta a cui i figli hanno trovato una bella sistemazione in un clinica sulla Côte d'Azur. Invece, adesso so, stava infilzando le avversarie con un passante, o andando a raccattare in cielo una *volée* vincente. Ma lì per lì, la cosa era incredibile. E l'effetto, devo dire, era piuttosto comico. C'era anche 'sta storia della racchetta in mano, tipo retino, che unitamente alle calze bianche da infermiera e al giulivo sgambettare nell'aria creava un irresistibile effetto da Vispa Teresa, gridava a distesa l'ho presa l'ho presa, che non aiutava a capire perché, invece di ridere, i più, davanti a quelle foto, si inchinavano.

Perché era la più grande tennista del mondo, adesso so. (Dev'essere come quelli che vedono le foto della Callas senza sapere chi era: magari in tragico costume da Anna Bolena, magari tutta sversa in pose melodrammatiche, magari un po' sovrappeso: vai a immaginare che stava infilzando le avversarie con un gorgheggio, o a raccattare in cielo un acuto che poi ci sarebbe mancato per sempre.) Tanto per capirsi, giocava così bene che a un certo punto i francesi pensarono seriamente di schierarla in Coppa Davis, al fianco dei maschi (a norma di regolamento, era anche possibile). Lei trovò l'idea piuttosto "barocca", ed è difficile immaginare una definizione più elegante. Pare avesse un talento ineguagliato, ma naturalmente non sarebbe arrivata da nessuna parte senza l'altra virtù necessaria a un campione: una feroce necessità di vincere. Non amava perdere (e non perdeva) nemmeno a ping pong. Dalle foto e dai rari filmati resta piuttosto impervio capire in cosa consistesse il suo tennis inimitabile, ma questo è niente rispetto alla fantasia con cui bisogna lavorare per capire come potesse, all'epoca, essere una specie di sex symbol, o quanto meno un esempio di grazia seduttiva. Tritò, tra l'altro, un certo numero di uomini, tra un torneo e l'altro, e qualcuno sfilandolo anche via da rispettabilissimi matrimoni. Visti i tratti del suo volto, e quindi escludendo si trattasse di una questione di bellezza, doveva essere evidentemente una faccenda di *charme* e di superiore carisma. Fu d'altronde la prima a pensare che i vestiti con cui una donna giocava a tennis potessero servire ad altro che a nascondere il proprio corpo. Entrava in campo impellicciata, per dire, e la lunghezza delle gonne, o delle maniche, era il suo personale passatempo con cui irretiva il pubblico benpensante dell'epoca. Tra l'altro, con quelle sue sforbiciate in aria, le gambe ad angolature da ballerina di *cancan*, offriva scorci che nessuna prima aveva pensato potessero interessare a degli appassionati di tennis. (E io mi chiedevo, guardando quelle foto: ma cosa succede, a una civiltà, per passare in meno di cent'anni dalle gonne sotto al ginocchio della Lenglen ai body di Serena Williams? Per dire, è un fenomeno ascrivibile alle conquiste del femminismo, o al trionfo del maschilismo? Oppure: è davvero ragionevole pensare che, tornati a casa, quegli uomini là e questi qua facciano poi a letto le stesse cose? Qualcuno dovrebbe porsele, certe domande.) Era viziata, capricciosa, testarda, vanitosa: come star, era perfetta. Non le mancava neppure una certa salute cagionevole, con cui teneva col fiato sospeso gli organizzatori e offriva alle avversarie il discutibile privilegio di essere spianate da una che nei cambi di campo sembrava moribonda. Come ogni vero numero uno, era inseguita da una muta ringhiante di numeri due affamati: li schiacciò per un bel po' di anni e poi, al momento buono, con grande scelta di tempo, li piantò in asso passando al professionismo, cioè alle esibizioni superpagate. Così, a fiuto, non dovette essere felice mai, ma questo, si sa, è il corollario inevitabile di qualsiasi grande talento.

Tutte queste cose le so perché me le ha raccontate Gianni Clerici in questo libro. Oltre a essere l'uomo che sa più di tennis nell'intero pianeta (chissà che strana solitudine) lui è anche uno scrittore capace, elegante e misurato. Questo libro l'ha scritto con devozione mai stucchevole, con la giusta ironia e con una prosa asciutta che non perdona, mescolando il suo sapere, le testimonianze di altri, e la sua immaginazione. Nessun errore gratuito e, ogni tanto, mirabili passanti a spazzolare le righe. Splendida partita.

29 aprile 2012

Giuseppe Tomasi di Lampedusa

IL GATTOPARDO

"Se li rileggi, sono classici. Se addirittura li ricompri, allora quella è una malattia"

Tra le misurate soddisfazioni che riserva l'avere una certa età non bisogna dimenticare il privilegio di rileggere certi libri dopo aver avuto il tempo di dimenticarne quel tanto che basta a non sentirsi idioti. Io, per esempio, col *Gattopardo* sono al terzo giro, e francamente l'ultima volta non mi ricordavo *esattamente* come finiva (probabile che c'entri, un'altra volta, ma in altro modo, l'età). Non ci sarei arrivato se la Feltrinelli non avesse deciso di festeggiare i suoi cinquant'anni, nel 2005, ripubblicando alcuni suoi libri leggendari in un'edizione speciale, *vintage* (copertina originale, formato tascabile): uno, arancione e piccolino, era appunto il migliore, e unico, romanzo scritto da Giuseppe Tomasi di Lampedusa. Comprato e divorato in un paio di giorni. L'autore, si dice, lo scrisse invece in un paio di anni, quasi sessantenne, senza prima aver mai esercitato la professione di scrittore. Quando il libro uscì, nel 1958, lui non era già più lì a godersi lo spettacolo, perché sottratto alle cose care da una morte prematura e rapidissima. Avrebbe forse avuto un destino un po' meno beffardo se Vittorini, che all'Einaudi aveva ricevuto il libro, non avesse giudicato inopportuno il pubblicarlo, diventando così, oltre a molte altre nobili cose, l'uomo capace di bocciare in una vita sola *Il Gattopardo* e *La paga del sabato* (di Fenoglio), facendo di due capolavori due mesti libri postumi. E non aveva neanche un ufficio marketing che gli soffiava sul collo!

Da allora sono passati tanti anni, ma l'evidenza di

un libro toccato dalla grazia non ha abbandonato il *Gattopardo*. Difficile che ti riesca, in un colpo solo, di scrivere benissimo una storia meravigliosa con cui spieghi alla perfezione un pezzo di storia del tuo paese. A beccarne due su tre è già una prodezza. Va aggiunto che, come se questo non bastasse, il *Gattopardo* ebbe anche un suo significato per così dire sociale, quando, finalmente uscito, polverizzò i numeri dell'italietta di allora, e inaugurò quello spalancamento del pubblico dei lettori di cui noi, molti anni dopo, avremmo goduto i frutti prelibati e le inevitabili storture. Per dirla semplicemente, fece saltare il tavolo, vendendo in modo prodigioso, e da allora è stato tutto più complicato, e affascinante.

Una delle cose che si sono complicate ha a che vedere con l'italiano, intesa come lingua letteraria, e lì il *Gattopardo* troneggia ancor oggi come una formidabile lezione. Anche al più sprovveduto dei lettori barbari basterebbe aprirlo per capire che qualcosa è successo. Dov'è finita quella lingua raffinata, esatta, ricchissima, sensuale, molto fisica, ed elegantissima? Quando leggi Gadda pensi com'era bravo lui, quando leggi Calvino pensi come sei scarso tu, ma quando leggi il *Gattopardo* quello che pensi è: com'è bello l'italiano. Niente potrà mai togliere a quel libro questa magica capacità di incarnare non il talento di uno scrittore ma quello di una lingua, e di certa civiltà letteraria. Credo che la cosa abbia a che vedere con la sua assenza di virtuosismo, la sua naturalezza, la sua normalità. Non c'è forzatura spettacolare, c'è il solo srotolare le potenzialità di un lessico sfavillante, nel rispetto di certe ataviche armonie ritmiche, con il gusto di ogni suono prezioso, e con l'ambizione di non perder per strada nessuna esattezza possibile. Non mi va di fare esempi, non sarebbero convincenti, bisogna provare per capire, ma certo alla decima riga, al placarsi di un rosario in casa, già ti si spalanca davanti la minuscola epifania di una frase come questa: "Adesso, taciutasi la voce, tutto rientrava nell'ordine, nel disordine, consueto". (Quando diavolo abbiamo smesso di scrivere *taciutasi?* E perché?) Trenta pagine più in là, se ne torna il Principe a casa, reduce da una gita di salute presso la sua abituale prostituta amante di fiducia; nella notte macina la strada in un dubbio stato d'animo e ammorbato dalle chiacchiere di padre Perrone, il prete da cui, per una simmetria etica tutta da spiegare, si era fatto accompagnare. Be': "Il Principe lo ascoltava appena, immerso com'era in una serenità sazia, maculata di ripugnanza". (Quando diavolo abbiamo smesso di credere che *maculata* sia leggermente diverso, e in taluni casi più preciso, e in ogni caso più musicale di *macchiata*?) Ma, come dicevo, bisogna leggere, per capire.

A scanso di equivoci, ci tengo a chiarire che scrivere come Tomasi di Lampedusa sarebbe, oggi, ridicolo. Vorrei anche sottolineare come la grottesca imitazione di quella naturale eleganza abbia prodotto per lungo tempo, nel nostro paese, una sorta di galateo letterario che la migliore narrativa italiana degli ultimi venti anni si è incaricata, con successo, di fare a pezzi. Detto questo, so che il *Gattopardo* aiuta a ricordare tre cose, a mio avviso irrinunciabili: primo, l'italiano è una lingua fantastica, quindi sarebbe bene, quando si scrive, tramandarla tutta intera, e magari non indugiare troppo nella scorciatoia dei dialetti; secondo, scrivere libri è una cosa, parlare un'altra, e se dovessi spiegare meglio mi verrebbe da dire che nella scrittura letteraria una lingua nazionale diventa adulta, nel parlare torna bambina (esperienze, peraltro, entrambe fondamentali); terzo, che se togliete allo scrivere libri l'ambizione di abitare pienamente e in modo sontuoso una lingua – da padroni, da esperti, da esploratori – ne deturpate il profilo a tal punto che chiunque sufficientemente sveglio e paziente sarà in grado di scrivere un libro: il che, come spero di non dover spiegare, non è affatto la conquista di civiltà che si crede.

6 maggio 2012

Yasunari Kawabata

LA CASA DELLE BELLE ADDORMENTATE

"Ogni tanto mi accade di avere un po' di pazienza da parte, che mi cresce, allora compro un Kawabata, e mi concedo il privilegio di leggerlo"

Storia bellissima, e se avete dei dubbi sentite questo: García Márquez, l'uomo con più storie in testa del pianeta terra, non ha resistito alla tentazione di farne un *remake* (è come se Madonna ti rubasse la gonna tanto le piace). D'accordo, era forse un po' vecchio e stanco (adoro gli scrittori quando sono vecchi e stanchi) ma sta di fatto che invece di attingere dal suo repertorio infinito si è chinato su questo libricino e l'ha riscritto alla sua maniera, in salsa caraibica. Poi il libro lo ha intitolato *Memoria delle mie puttane tristi*, e basta accostare i due titoli, il suo e quello di Kawabata, per capire che l'Oceano Pacifico non accade inutilmente, tra la Colombia e il Giappone.

Storia bellissima, tanto da risultare, per alcuni, il più bel racconto erotico della letteratura universale (be', immagino dopo *Lolita*, ovviamente). Non saprei dire, non sono così ferrato al riguardo, ma è certo che quando Kawabata si mise ad appoggiare sulla scacchiera le pedine del racconto, con la sua estenuante meticolosità, aveva in mente una partita memorabile: dovette trovarla sul fondo di qualche notte insonne, o venuta alla superficie dopo tutta una vita arsa dal desiderio. Ecco cosa appoggiò sulla scacchiera: uno strano bordello, dei vecchi clienti ormai impotenti, delle ragazze bellissime. E fin lì poteva ancora andare. Poi aggiunse la sua variante: le ragazze dormono, preda di potenti sonniferi, e i vecchi si infilano nei loro letti per trascorrere una notte accanto a quei corpi magnifici; prima o poi cadono addormentati e al mattino scivolano via dal letto mentre le ragazze sono ancora immerse nel sonno: non passa una parola, tra loro, e i vecchi non sanno né mai sapranno nulla di loro. Kawabata aggiunse un particolare che dovette sembrargli fondamentale: le ragazze sono tutte vergini. Quindi fece la cosa che restava da fare: prese un uomo, gli diede un nome, Eguchi, e lo fece andare nel bordello, quasi per caso, una prima volta; e poi altre quattro volte, incapace di resistere alla tentazione. Gli parve più esatto scegliere un uomo vecchio ma non completamente impotente. Allora tutto gli dovette sembrare perfetto: e si mise a giocare la partita.

(Consiglio: se vi sembra una storia di erotismo squisitamente maschile, non sottovalutate Kawabata e provate a immedesimarvi in una delle ragazze.)

Cosa succede di preciso in quei letti?, è ovviamente la domanda con cui il lettore si accinge ad assistere alla partita. Tutte cose molto giapponesi, viene da dire (gesti millimetrici, desideri estenuati, senso di morte, culto e disprezzo dei corpi). Ma devo anche aggiungere che il tutto è così *tipicamente* giapponese da fare venire un dubbio paradossale: era Kawabata che raccontava bene l'erotismo giapponese, o siamo noi occidentali che ci siamo fatti una certa idea dell'erotismo giapponese leggendo Kawabata? Mah. Nel dubbio, preferisco ricordare una delle prime cose che fa Eguchi, in quel letto, il fiato mozzato dalla bellezza della ragazza, e nel petto un secondo cuore che inizia a battere furiosamente. È un gesto invisibile, prolungato, molto sensuale, e tipicamente proustiano: *ricorda*. Osservare la ragazza, sfiorarla, toccarla, lo porta irresistibilmente a ricordare le donne che ha amato, una dopo l'altra, ma nei minimi particolari, come se i ricordi si sciogliessero al calore di quel corpo, e il tepore di quella bellezza li richiamasse dal gelo dell'oblio. Vi sembrerà un rito da vecchi, ma non fermatevi alle apparenze. Lì si sta parlando del misterioso istinto per cui nella persona amata convochiamo sempre l'intero mondo di ciò che sapremmo amare, o abbiamo saputo amare. Lì si parla degli innumerevoli fantasmi che abitano i vostri letti d'amore, rendendoli spinosi e magnifici, sempre.

Mi resta da annotare una necessaria avvertenza: il libro è scritto da Kawabata, e quindi è un'esperienza di lettura molto singolare. Di rado succede, in letteratura, di sentire una così profonda e incolmabile lontananza: si ha la chiara percezione di una civiltà diversa, fedele a un gusto e a un'idea di bellezza di cui non conosciamo i parametri, e neppure le più elementari regole. Un canone che non ci appartiene. Non è solo la lentezza, o il gusto per i dettagli: è proprio un'idea di ritmo, di eleganza, di distanza, che per un occidentale è fuori portata. Ci vuole pazienza, e molta fede. Nel caso specifico di questo libro vi irriterà, ad esempio, il debolissimo finale. Ma anche lì, è una questione di civiltà, e non tanto di imprecisione tecnica. Quasi tutti i finali dei libri di Kawabata sono irritanti: alle volte neanche li scriveva, i finali, tanto poco gli importava di loro. Immagino che per lui l'idea che una storia dovesse avere un finale suonasse sciocca almeno quanto l'aspettarsi, ammirando un albero nello splendore della fioritura, che a un certo punto succeda qualcosa. E rimanere delusi se non succede nulla tranne quello splendore. Capite che per gente a cui la grammatica del narrare è porta da Hollywood, la cosa offre qualche imbarazzo.

13 maggio 2012

Sergio Luzzatto

PADRE PIO.
MIRACOLI E POLITICA NELL'ITALIA
DEL NOVECENTO

"Quando l'ho visto lì, in libreria, mi sono ricordato che prima o poi, questa faccenda di Padre Pio bisognava capirla. Comprato. Capita"

Per molti anni, quando avevo tipo dieci anni, Padre Pio è stato per me un personaggio misterioso che esisteva solo a casa della nonna, nelle riviste che c'erano in salotto e, più deteriorate, al cesso. Doveva c'entrare con il cinema. Sicuramente con certe signorine molto belle con cui divideva le copertine. Ogni tanto lo vedevo rispuntare sulle fiancate dei camion in autostrada, quando mio padre li superava, cosa che faceva piuttosto di rado: non coglievo il nesso con i rotocalchi, ma me ne fregavo. Avevo allora quell'altissima tollerabilità al mistero che è tipica dei bambini di dieci anni: abbastanza intelligenti da registrare dei fatti curiosi e divinamente disponibili a ignorarne le cause vere. Ne bastava una carina: che so, Babbo Natale, papà che ha messo un semino nella pancia della mamma: è un periodo di grazia assoluta, e quella leggerezza non la si ha mai più, in tutta la vita.

Dicevo. A parte sorpassare poco in autostrada, noi eravamo molto cattolici, in famiglia, ma anche molto nordici e conciliari (significa che la Chiesa uscita dal Concilio Vaticano II era la nostra Chiesa, non una deviazione modernista da esecrare): va da sé che Padre Pio non rappresentava la nostra idea di cosa significasse essere un Santo. Per un torinese educato alla lettura di don Mazzolari, un requisito di base per essere Santo era, ad esempio, NON fare miracoli: Padre Pio ne faceva a sacchi (alcuni erano strepitosi: dicevano che non impressionasse la pellicola quando lo fotografavano che lui non voleva). C'era poi quella questione delle stigmate, chiaramente eccessiva per gente che considerava il beige un colore brillante. Insomma, non faceva per noi. Neanche ci interrogavamo troppo sul fenomeno: più o meno sarebbe stato come farsi delle domande su Sophia Loren.

Poi ho fatto altro, nella vita, e devo dire che di Padre Pio mi ero in qualche modo dimenticato. Ma in realtà avevo un conto in sospeso, con lui, come lo si ha con tutte le perle di mistero che si è covato da bambini. Così, quando mi sono imbattuto in questo libro ho pensato che era la volta buona. Alla quarta pagina ero già rapito. Il fatto è che l'assunto stesso di questo libro è, di per sé, affascinante: si può guardare all'evento singolare di una santità come a un fatto storico, sottraendolo al dominio dell'irrazionalità, e provando a ricomporlo in un quadro interamente razionale? Voglio dire: resta qualcosa, di un fenomeno come Padre Pio, se gli togli il tratto della fede (in tutte le sue forme, dalla religiosità più vertiginosa alla semplice credulità)? La risposta è sì: nel caso specifico, quello che resta, è la storia di un paese, il nostro. Luzzatto ha evidentemente l'istinto a credere in un fenomeno che mi ha sempre affascinato: la possibilità che alcune piccole tessere del reale (nel suo caso, della Storia) rechino in sé la mappa del tutto di cui sono infima parte. Senza questa acrobatica convinzione, gran parte delle narrazioni perderebbero qualsiasi senso. Ma ci si crede, invece, e in questo caso la cosa in cui il libro di Luzzatto crede è la seguente: studia la piccola tessera di Padre Pio e vedrai la mappa dell'Italia, la geografia che ha composto, lungo una buona parte del Novecento, la realtà sociale e politica del nostro paese. Così la domanda, in questo libro, non è tanto se le stigmate fossero reali o meno, o se la buona fede del frate fosse a prova di bomba: la domanda è: com'è fatto un paese che prende quell'anomalia e invece di rimuoverla, o dimenticarla, o soffocarla, ne fa uno dei telai su cui tessere la tela della propria storia? Domanda affascinante, non c'è santo (pardon).

Così, si leggono centinaia di pagine (scritte bene, tra l'altro) e si vede passare l'Italia: il biennio rosso, la ferita della Prima guerra mondiale, l'epidemia di spagnola, l'invenzione del clerico-fascismo, la miracolosa risalita della Chiesa su dal baratro di impopolarità toccato a Porta Pia, il suo graduale ritrovarsi come guida spirituale e politica del paese; e poi i bombardamenti americani, il papato taumaturgico di Pio XII, la resa dei conti post-bellica, il miracolo economico, il Concilio Vaticano II, la DC, Papa Wojtyła. E ovunque c'è lui, Padre Pio. In ogni momento capisci il paese se capisci dove era lui, cosa stava facendo, cosa non stava facendo, cosa la gente credeva che facesse. Lui e i suoi miracoli: in ognuno dei quali puoi vedere l'incursione incontrollabile del sacro, se credi, ma anche, puntuale, il codice esatto con cui capire il testo che segretamente i poteri d'Italia, in quel momento, stavano scrivendo. Fantastico. Tanto che, alla fine, non ti importa neanche tanto sapere se levitasse davvero, il Santo, o se davvero fosse comparso nel cielo, davanti ai bombardieri americani, per fermarli, o cose del genere, non ti importa davvero più: un altro mistero, l'Italia, lo vedi schiarirsi lentamente sotto gli occhi, e questo sembra così dannatamente più urgente, e prezioso, e utile.

20 maggio 2012

Elmore Leonard

TUTTI I RACCONTI WESTERN

"Mi pare di ricordare che l'editore aveva tanto insistito che lo leggessi. Insiste sempre, va detto. Però questa volta aveva ragione"

Sarò sincero, io con Leonard ho questo problema: inizio i suoi libri, entusiasta, ne divoro una metà, poi non so cosa succede, mi areno un po', e alla fine non ne finisco uno. Immagino che il problema sia mio, ovviamente: ma non si può neanche escludere che lui sia uno di quegli scrittori che iniziano da dio e poi non hanno il talento dello sviluppo. Non so, non ho certezze. Magari è un mago dei finali, e io, non essendoci mai arrivato, non posso saperlo. Quel che so, invece, è che questo suo libro l'ho finito, perché si tratta di racconti, e di racconti western. Uno dopo l'altro, a un certo punto ero all'ultima pagina: ma di mio potevo andare avanti ancora qualche mesetto.

Scrivere il western – essendo il western un genere squisitamente cinematografico – è un'acrobazia singolare, paragonabile a far la maionese senza le uova (c'è chi la fa): provate a scrivere una sparatoria e capirete cosa intendo dire. Va da sé che si è costretti a virare un po' sull'introspettivo, se non sul filosofico, col risultato di trovarsi tra le mani pistoleri che pensano un sacco: e quello è il rischio (se pensi un sacco NON sei un pistolero, è evidente). Leonard ne venne fuori con una mossa laterale che, volendo, è la stessa che rese grande Sergio Leone: falli pensare poco ma muovere lenti e parlare da dio: quando poi c'è da sparare, il più è fatto. La dico meglio: ricorda che chi ha sparato o sparerà a un uomo è sacro per sempre, e in ogni istante della sua vita: per cui parlerà come un eroe biblico, e si muoverà in mezzo alle cose come se toccandole le creasse. Non è vero nella vita, ma è vero nelle narrazioni: una sorta di convenzione di grande successo. Il risultato è una prosa tutta particolare, molto letteraria, in cui ogni piccolo gesto e qualsiasi parola pronunciata sfoggiano una solennità quasi liturgica: in pratica gli umani stanno sempre nel cuore di un duello, anche quando ordinano un whisky o si tolgono gli stivali: analogamente, Achille ed Ettore sono nati per combattere, nell'*Iliade*, e di fatto non credono di poter esistere al di fuori di quella gloria. Rigirata così, l'epopea western diventa in effetti materiale buono per lo scrivere, perché nella scrittura c'è, volendo, quella lentezza, quella capacità di rendere solenne il dettaglio, quella possibilità di far parlare la gente come se fosse sempre toccata dalla grazia. Esempio: "Jimmy Robles raccolse la camicia madida di sudore che si era appena tolto, e ne staccò dal taschino il distintivo d'argento. Prima di guardare suo zio alitò sul metallo e ne sfregò la superficie liscia sulla stoffa che gli fasciava il torace. Poi l'appuntò sulla camicia pulita, studiando la scritta incisa nel metallo e che, a detta di John Benedict, recitava *Vicesceriffo*. 'Tu bevi troppo,' disse con aria sostenuta, ma non seppe trattenere un sorriso davanti a quell'immagine di indolenza sbracata sul lettuccio, un piede appollaiato sul davanzale della finestra sovrastante, col mondo che poteva anche finire in quel preciso momento. 'Perché non la smetti per qualche giorno, tanto per vedere come ti trovi?' Tio chiuse gli occhi. 'Lo shock potrebbe uccidermi.' 'Ti stai ammazzando lo stesso.' 'Ma che bel modo di morire,' borbottò Tio".

Se rallentate un po' il tutto e lo trasferite sullo schermo ottenete Sergio Leone (vi sarete già accorti, certamente, che l'inizio di *C'era una volta il West* è un libro scritto, più che un film). Se invece aggiungete un bel po' di ambizione, un sacco di pazienza e una certa dose di lucida disperazione finirete per ritrovarvi tra le mani, a sorpresa, Cormac McCarthy. Dato che

McCarthy è uno dei tre, quattro grandi scrittori viventi, la cosa è curiosa, e spinge a interrogarsi sulla misteriosa genesi della grande letteratura, sovente debitrice di quella più allegramente plebea. Forse bisognerebbe abituarsi a pensare così: non esistono grandi scrittori, esistono solo grandi libri. E poi: i grandi libri sgorgano dalla terra dei racconti dopo percorsi sotterranei che non sappiamo, come laghi che raccolgono le sorgenti più diverse e mescolano mille nevi in un'unica acqua, che poi prende un nome, e quel nome è quello di un uomo che scrive. Voglio dire: McCarthy magari non l'ha nemmeno mai letto, Leonard, ma questo non cambia niente: era tutta una corrente sotterranea che li ha usati entrambi per covare una qualche grandezza e farla uscire alla luce del giorno. Ogni tanto immagino la vita culturale degli umani come una sorta di tenace crosta terrestre, e i grandi autori come cariche di dinamite che riescono a creparla e a far uscire fuori fiumi sotterranei che vengono da chissà dove e viaggiano da chissà quanti anni. Poi si confonde il fiume con l'autore, ma in verità l'autore è solo forza, pazienza e megalomania: è un'intensità, è un'esplosione. (Ecco perché i grandi sono spesso vagamente suonati, e di rado sanno spiegare quel che hanno fatto.)

Per la cronaca, da tre di questi racconti Hollywood ha tratto altrettanti film entrati nella storia del cinema: *Quel treno per Yuma*, *I tre banditi* e *Io sono Valdez*. Cosa pensasse Leonard al proposito è riassunto in una breve dichiarazione in cui si limitò a registrare "quanto poco ci mettono, a Hollywood, a mandare a puttane un semplice racconto".

27 maggio 2012

Mary Beard

IL PARTENONE

"L'edificio più bello del mondo e neanche sapevo il nome dell'architetto: visto il libro, comprato, scoperto che gli architetti erano due, e non si chiamavano ovviamente Fidia"

Per quanto lo studio delle cose belle – quadri, monumenti, teiere – sia dilettevole e istruttivo, non c'è paragone con l'interrogarsi sulla storia della loro ricezione, cioè sulla storia della cultura, cioè sull'incrocio di forze economiche, politiche, estetiche e casuali che generano un certo canone collettivo, separando tra le cose quelle belle da quelle brutte. Voglio dire che studiare com'è fatto *Madame Bovary* è interessante, ma capire perché quel romanzo è diventato per noi un totem, e altre migliaia di romanzi no, quello è fantastico (be', certamente non perché era più bello, è ovvio). C'è molto darwinismo nel processo che porta un artefatto a diventare un capolavoro, e l'esito di quella selezione durissima non si spiega soltanto con le caratteristiche oggettive dell'opera: le caratteristiche dell'ecosistema che le ha ospitate – talvolta per millenni – è decisivo. Sopravvivono le opere più adatte, non c'è dubbio, e capire "adatte a cosa" è un'avventura intellettuale irresistibile.

Prendete il caso del Partenone. Bellissimo, d'accordo. Ma ad esempio: non era di quel colore lì. Considerato che per noi è l'emblema di una certa misura classica, l'incarnazione di una bellezza solenne ma sobria e controllatissima, forse non è completamente inutile ricordare che, in origine, era corredato di parti decorative ricchissime, vivacemente colorate, e allegramente spettacolari. Qualsiasi sia l'idea che noi coltiviamo della sua bellezza, va registrato che gli antichi, per secoli, lo considerarono poco più che la cornice a quella che, ai loro occhi, appariva la vera attrazione: un'enorme statua della dea Atena che si ergeva all'interno del tempio: quella sì, secondo loro, era una vera bellezza. Tanto che la descrissero nei particolari, e così oggi noi possiamo farcene un'idea, pur senza averla mai vista: alta tredici metri, era costituita da una struttura lignea ricoperta in modo sfavillante di avorio e oro. Non aspettatevi una cosa tipo Venere di Milo: ne potete vedere una copia fedele, a grandezza naturale, se andate a Nashville, Tennessee, e il fatto che l'abbiano ricostruita lì, con tutto il rispetto, vi può suggerire una certa accondiscendenza per quello che noi, di solito, chiamiamo kitsch.

Così sorge una domanda, irresistibile: ma è il Partenone che ha generato una certa idea di bellezza classica o è una certa idea di bellezza classica, del tutto astratta e immaginaria, che ha generato la grandezza del Partenone? La domanda ha un suo fondamento soprattutto se si considera che in un certo senso il Partenone è stato rifatto tra Otto e Novecento, e rifatto su misura delle aspettative che si avevano nei suoi confronti: lo si voleva testimonial di un certo gusto, di una certa civiltà estetica, e si fece in modo che lo fosse. Il margine di azione era notevolissimo perché, di fatto, di quel coso enorme si sapeva pochissimo, per cui un'eventuale fedeltà all'originale era una battaglia persa in partenza (non si sa esattamente neanche perché si chiama così; è dubbio perfino che fosse un tempio, più probabilmente era una cassaforte, pensa te, ci tenevano i profitti dell'impero ateniese, custoditi dalla statua di tredici metri). Insomma si poteva procedere con una certa libertà: iniziarono a staccare fregi e metope con la buona scusa di metterli al sicuro in un museo, ottenendo così una struttura assai più spoglia, sobria e misurata; poi lo rimisero in piedi (dato che gli Ottomani lo avevano usato come deposito di polvere da sparo e i Veneziani avevano buona mira, non stava un granché bene), ma non lo rimisero in piedi completamente, disegnando quella silhouette che noi tutti oggi ammiriamo e che è un capolavoro di invenzione culturale: un po' rovina, ma non troppo, potente e fragile al tempo stesso, definitivo ma imprendibile, perfetto ma incompiuto: quel che di meglio una sensibilità romantica poteva sognarsi di trovare a conferma delle proprie passioni.

Andrebbe aggiunto che, naturalmente, a compiere tutte queste operazioncine non furono i greci ma le grandi potenze europee del tempo, cioè i padroni del mondo, il che farebbe riflettere sulla immane potenza delle egemonie culturali, ma preferisco sorvolare per annotare giusto che il libro della Beard è un'ideale e rapida guida tra questi e altri ragionamenti: si china sul Partenone con immensa devozione ma senza timori reverenziali: dai trucchi ottici che quel capolavoro nasconde al significato politico che la democrazia ateniese attribuiva a quelle colonne il lettore potrà scoprire un'infinità di cose che credeva, spesso a torto, di sapere. Bello, divertente, e istruttivo.

3 giugno 2012

Inka Parei

LA RAGAZZA CHE FA A PUGNI CON L'OMBRA

"Compravo quasi tutti i libri dell'editore Instar, allora. Poi mi sono un po' perso"

Non ricordo bene quando l'ho letto – anni fa – ma ricordo bene la sensazione di scoperta assoluta e felice: questa scrive da dio, pensai. Il risvolto di copertina diceva che era nata nel 1967, a Francoforte, e poi chiudeva con una frase che non potevi non notare: "Con le prime venti pagine del suo prossimo libro, non ancora terminato, ha vinto il prestigioso Premio Ingeborg Bachmann". Boom! Sovente, dietro a frasi del genere, c'è giusto qualcuno del marketing che quel giorno aveva voglia di strafare. Ma in quel caso bisognava ammettere che poi uno apriva il libro e quello che vi trovava era singolare, potente e, in un modo tutto suo, molto bello.

Era il tipo di libro che io non scriverei mai. Ad esempio – se vogliamo finalmente parlare un po' di tecnica – era tutto al presente. Io ho dei problemi, col presente: per un verso mi sembra troppo freddo, per un altro troppo aggressivo. Alla fine il risultato è portare il lettore sull'orlo di quel che si racconta, senza neanche dargli la distanza clemente dell'imperfetto: è come costringere uno a mangiare con la faccia schiacciata sul piatto. Forse mi innervosisce un po' anche quella freddezza che ne deriva: mi sembra sempre un po' falsa. C'è, dietro, l'idea che nel mettere in prima fila le cose automaticamente l'autore scivoli indietro, e il contenuto di verità ne guadagni. Tipico ragionamento che mi innervosisce.

Un'altra cosa che faceva quel libro era convocare nel racconto migliaia di oggetti. Voglio dire che se in un libro un personaggio entra in bagno, poi sta allo scrittore decidere quante cose di quel bagno convocare sulla pagina. Magari ne basta una: un bagno bianco. Magari ti piace invitarne un altro paio: un bagno bianco piastrellato con una ventola che girando fa rumore. In quel libro si convocava tutto. A un certo punto la protagonista entra in una stanza e ci trova un gran casino: come si vede basterebbe una parola (casino), ma ecco cosa scriveva quella tedesca. "Come una fitta coltre di nuvole, la polvere si snoda lungo i battiscopa fino al telaio di un letto d'ottone sul quale giacciono spessi piumini, vestiti buttati a casaccio, libri, un vassoio con tazze da tè, tubetti e bottiglie, scatole accartocciate di caramelle alla menta, batterie, un walkman, cassette, una confezione di preservativi. Un cavalletto per la pittura su seta macchiato e ripiegato, una custodia floscia per chitarra, spartiti, due posacenere pieni, diversi cacciavite. Un vaso rovesciato di fiori finti, una pietra pomice per eliminare la callosità sui talloni, mollette per la biancheria, forcine, viti, fermagli per capelli, una carta telefonica graffiata e unghie finte, attorniate da uno strato di granelli di sabbia e di briciole di pane." Applausi. Cioè, non è il modo in cui viene da scrivere a me, ma c'è qualcosa di mirabile, di non inutile – una certa chiara bellezza.

La cosa poi incredibile era che, con queste premesse, e tutti quegli oggetti intorno, e ogni gesto meticolosamente censito nei suoi singoli passaggi, il libro non risultava, alla fine, minimamente palloso: anzi, in un certo senso era un thriller. Diciamo un thriller molto, molto raffinato, ma comunque un libro con suspense e scene d'azione: anni dopo, leggendo Stieg Larsson (con lo stesso godutissimo disgusto di me con cui, saltuariamente, mangio il *pied de porc pané*), mi sono ritrovato a chiedermi dove diavolo avevo già visto un personaggio tipo Lisbeth Salander. Nel libro della Parei, ecco dove l'avevo già visto, nella protagonista del libro della Parei. Per dire che non è una storia di impalpabili sentimenti o di micro fenomenologie snob: gente che fugge, coltelli che volano, e arti marziali.

Insomma, alla fine pensai: che talento, accidenti. C'era da scommettere che quella lì ce la saremo ritrovata per anni a brillare nel panorama un po' anemico della letteratura europea. Mentre scrivo queste righe, invece, devo registrare il fatto che è abbastanza sparita nel nulla. Non lo dico con soddisfazione, lo dico con sgomento. In italiano, di suo, non si è più visto niente. Ho scoperto che almeno un altro libro l'ha scritto, ma evidentemente a nessuno in Italia sarà sembrato memorabile. Mi sono incaponito e sono andato a cercarla in rete. Me la son trovata, apparentemente felice, su un furgoncino in viaggio per la Nuova Zelanda, che scrive le sue note di viaggio in un blog. Tutto bene, per carità, ma certo è un po' come se fra qualche anno mi ritrovassi la Pellegrini che fa l'animatrice in un Aquafan.

Poi magari tra qualche anno Irka Parei se ne esce con un capolavoro, chi lo sa. Ma intanto io ne approfitto per buttare lì una cosa su cui prima o poi tornerò: posso sbagliarmi, ma oggi chi ha molto talento per scrivere un libro ne ha anche abbastanza per capire che non ne vale più tanto la pena. Cioè, lo puoi anche fare, ma se ne accorgono in pochi, nessuno ha voglia di parlarne, il talento è ritenuto un'ineleganza, i romanzi un genere periferico. La corrente del fiume trascina altrove, e molti ne deducono con tranquillità la verità indiscutibile che è meglio essere vivi che bravi. Dopo tutto, se davvero hai un talento bestiale per la scrittura, di sicuro sei sveglio abbastanza per fare bene un sacco di altre cose. Facilmente ce ne sono alcune in cui più facilmente troverai la sensazione di esistere veramente, di essere ufficialmente vivo. Lo so, detta così suona piuttosto antipatica: ma invece è una faccenda interessante, tutt'altro che malinconica. Ne riparleremo, promesso (e fatemi il santo piacere di non buttare il vostro tempo a pensare che sto parlando di me. Grazie).

10 giugno 2012

Dave Eggers

L'OPERA STRUGGENTE
DI UN FORMIDABILE GENIO

"Come si fa a non comprare un libro in cui l'autore ha anche scritto, e a modo suo, il colophon?"

Altro libro d'esordio che, quando lo lessi, mi lasciò secco. La cosa che mi colpì, allora, fu da subito la quantità d'energia che c'era là dentro. È un tratto tipico dei primi libri: si viene da anni di compressione, di materiale accumulato, di vita mai urlata, e il primo libro è come aprire una diga. Defluisce fuori di tutto, a cascata, con un gusto per lo spreco e un eccesso di generosità che poi passerai la vita a giudicare assolutamente idioti e, simultaneamente, a rimpiangere come qualcosa di cui non sarai mai più capace. La forza di questo Eggers era talmente alluvionale che aveva allagato tutto: prima ancora che il libro iniziasse, era già esondata in parti di libro che di solito fanno storia a sé: c'era una prefazione che era una sorta di racconto post-moderno, dei ringraziamenti che duravano per sedici pagine, uno schemino con le più ricorrenti metafore usate nel libro (con relativa spiegazione), e poi di nuovo ringraziamenti a cascata (si ringraziavano anche le Poste Americane). A quel punto rimaneva, intatto, giusto il *colophon* (quei *credits* un po' fiscali che nemmeno guardate mai, nella prima pagina di sinistra): la cosa, a Eggers, dovette sembrare spiacevole, così la realtà dei fatti è che se voi leggete il *colophon* lo scoprite scritto da lui: naturalmente, invece di qualche riga anonima, vi trovate interessanti annotazioni sul mondo e sulle tendenze sessuali dell'autore. Senza scherzi, era tutto fantastico.

Poi, naturalmente, c'era il libro vero e proprio, e lì

di solito casca l'asino (ecco salvata un'altra espressione in via d'estinzione) perché va bene aprire la diga, ma poi devi essere un ingegnere idraulico, e un maestro di argini, per ottenere qualcosa che possa chiamarsi un libro, se non addirittura un *bel* libro. Anche in quello, tuttavia, Eggers era straordinario. C'era di mezzo un sacco di maestria, e tonnellate di tecnica, ma la cosa sorprendente era vederle sparire nella corrente del racconto, e lasciarsi dietro giusto la magia di una naturalezza assoluta che per qualche ragione misteriosa correva disciplinata, e perfetta. Non c'è molta gente, in giro, capace di cose del genere. Così mi ricordo che mi levai il cappello, com'era giusto, e semplicemente mi arresi all'idea che c'era gente, viva, molto più brava di me.

Va detto che la storia raccontata da Eggers nel libro è, letteralmente, la sua storia: tanto che lui ama catalogare questo suo primo libro come un volume di *Mémoires*, e non un romanzo. A sentir lui, non si è nemmeno preso la briga di cambiare i nomi. Quel che gli era toccato in sorte era di vedere i genitori morire, uno dopo l'altro, di tumore, in modo straziante e inatteso, e poi di cercare di occuparsi di un fratellino piccolo, rimasto lì un po' sbandato. Di per sé, non sono vicende particolarmente gaie, ma il modo che lui ha di raccontarle è talmente splendente (non saprei trovare un'altra parola) che mi sarebbe difficile trovare un altro libro con tanta voglia di vivere, e di ridere, e di essere straordinari. Sul serio, se siete a corto di motivazioni, e se svegliarvi al mattino non vi sembra l'irresistibile miracolo che è, entrate in questo libro e vi sentirete coglioni già prima della fine dei ringraziamenti.

Riprendendo in mano il libro, per scrivere questa pagina, sono andato a cercare una certa scena in cui lui e il fratellino giocano a frisbee su una spiaggia californiana (me la ricordavo così *splendente*), ma poi non la trovavo e così sono finito a leggere a caso, godendomela di nuovo, esattamente come la prima volta, fino a quando non sono finito in una scena che invece non ricordavo, probabilmente perché non ero ancora abbastanza padre, allora, per notarla, essendo la scena quella in cui lui (ventun anni) accompagna il fratellino Toph (sette anni) a giocare a baseball e si trova in mezzo alle madri, sulle gradinate, con quel tipico stato d'animo che hanno i genitori quando vanno a vedere il figlio che fa sport, e che se non hai provato non puoi nemmeno lontanamente immaginare: un penoso misto di commozione, di preoccupazione e di tensione che ti fa invecchiare (o ringiovanire, non l'ho capito) di anni. È bella tutta, la scena, ma in particolare c'è un pezzetto da applausi, e quindi lo cito qui, se non altro per darvi un'idea di cosa sia possibile fare di Sua Maestà Il Monologo Interiore se solo hai abbastanza talento da parte.

"Attento, sospettoso, osservo Toph interagire con gli altri bambini.
Perché ridono, quei bambinetti?
Di che cosa ridono? Del cappello di Toph? È troppo grande?
Chi sono quelle teste di cazzo? Li spezzo in due, piccoli bastardi.
Ah, no.
Ah no, era solo quello. Solo quello. Eh, eh, eh."

Adoro quando qualcuno usa i totem della tradizione letteraria per involtolare l'insalata. E fa con il piede sinistro quello che, neanche tanti anni prima, era un'acrobazia da sciancarti il cervello.

(Diversamente da Inka Parei, Eggers ha continuato a scrivere con brillanti risultati, evidentemente ritenendo la cosa di una certa soddisfazione: ma va anche annotato, tanto per proseguire la riflessione inaugurata la scorsa domenica, che nel frattempo ha aperto una casa editrice, messo su due riviste, e fondato una scuola, a San Francisco, in cui insegna *crea-*

tive writing ai bambini, nella convinzione che saper padroneggiare la lingua e saper raccontare siano due armi che possono rendere le cose maledettamente difficili a quelli che, da grande, cercheranno di tenerti buono. Voglio dire: neanche l'ha sfiorato l'idea che fare lo scrittore potesse bastare. Prendere, e mettere da parte.)

17 giugno 2012

Bill Bryson

BREVE STORIA DELLA VITA PRIVATA

"Lo apro e vedo una classifica ottocentesca della comodità dei materassi, a seconda del materiale impiegato per riempirli. All'ottavo posto c'era: alghe. Comprato"

Tipico libro-da-ombrellone ma per lettori forti (ammesso che un lettore forte finisca mai sotto un ombrellone). Voglio dire che se sei uno che si divora dieci libri al mese hai sicuramente abbastanza buon gusto da non finire in spiaggia con Tucidide o con l'ultimo Premio Strega, e dunque ti resta il problema di cosa portarti, in spiaggia, tenendo conto che dev'essere una lettura che sopravvive alle urla dei bagnanti, all'unto delle creme e alle discussioni agghiaccianti dei vicini. Bill Bryson è un'ottima soluzione possibile. Lui scrive libri che non sono romanzi, ma sono racconti molto eleganti di come va il mondo, e soprattutto di come andava in passato. Si imparano un sacco di cose, si sorride spesso, e se alla fine il libro casca nel secchiello del figlio non è poi quella gran disgrazia.

Nel caso di questo libro, Bryson si è esibito in un'operazione che non starei a definire geniale, ma che certo ha qualcosa di acuto e di affascinante. Gli è accaduto, a un certo punto, di andare ad abitare in un piccolo villaggio del Norfolk, e in particolare in una casa che era una ex canonica vittoriana. La cosa lo ha inclinato prima a immaginarsi la vita dello sconosciuto pastore anglicano che lì aveva vissuto e poi a scoprire quanto poco sapeva della vita quotidiana di gente che viveva nell'Ottocento, in una casa come quella, in un paese come quello. Iniziò a farsi domande del tipo: Ma perché il cesso è fatto così?, Perché tra tutte le spezie del mondo abbiamo scelto proprio sale e pe-

pe?, Prima del frigorifero, come facevano? Quando uno si ficca in quei tunnel, poi non ne esce più. Lui ne è uscito con questo libro che, molto diligentemente, entra in ognuna della stanze dell'ex canonica (comprese la dispensa, o la camera dei bambini) e ricostruisce la vita che, nell'epoca vittoriana, si consumava là dentro. Volendo dare una legittimazione filosofica a quello che è soprattutto un dilettevole viaggio nelle pieghe del mondo, si può credere alla teoria che Bryson enuncia nella prefazione: "in realtà la Storia è proprio questo: masse di persone che fanno cose ordinarie". Quindi cerca di capire i gesti semplici, primari, della gente qualunque, e capirai il mondo. Non so se è vero, ma sotto un ombrellone può anche sembrarlo.

Quello che sicuramente è vero è che nel suo viaggio Bryson porta il lettore a incrociare minuscole storie di argentina bellezza. Per dire: l'illuminazione. Qualcuno ha idea di che luce ci fosse, dopo il tramonto, nelle case inglesi dell'Ottocento? Bryson lo sa: vivevano, i poveretti, in case dotate della stessa quantità di luce che il nostro frigorifero produce quando lo apriamo. La cosa, annota Bryson, spiega tra l'altro perché il romanzo, e in generale il fenomeno della lettura, esploda a un certo punto dell'Ottocento, e non prima: dovettero aspettare le lampade a petrolio. Prima era una faccenda da sgranarsi gli occhi. Ti passava la voglia. (Brancolavano nel buio, e questo spiega anche il fatto che i mobili, tavoli e sedie compresi, fossero sempre accostati alle pareti, per evitare di prenderli in pieno, nel buio, in case che non avevano corridoi: curioso come dalla ridicola potenza di una candela, cioè un watt, derivino un sacco di cose assurde.) Tanto per annotare un'altra cosa singolare sui libri: ci sono stati tempi, neanche tanto lontani, in cui se avevi in casa una quarantina di libri la tua era considerata una biblioteca assolutamente considerevole. John Harvard, pastore protestante vissuto nel Seicento, ne aveva addirittura quattrocento, e la sua biblioteca era considerata talmente colossale che quando, alla sua morte, la regalò al college in cui insegnava, quelli gli intitolarono l'università.

Quanto al frigorifero, si scopre che per millenni gli umani hanno mangiato a chilometro zero per la semplice ragione che non erano in grado di conservare e quindi di trasportare che pochissimi cibi (dobbiamo alla nostra meravigliosa follia l'idea di tornare, oggi, a una situazione penosa che ci abbiamo messo millenni a risolvere). A disincagliare gli umani da quella regola slow food, ci pensò un tal Frederic Tudor, bostoniano, che a metà dell'Ottocento iniziò a importare dall'America blocchi enormi di ghiaccio fatto con acqua di laghi del Nord (la cosa vi sembrerà idiota, ma se non avete un frigo come pensate di farlo, il ghiaccio?). Un altro passo avanti decisivo fu l'inscatolamento dei cibi, brevettato nel 1810 da un certo Bryn Donkin. Il sistema era geniale, solo che le scatole erano in ferro, ed erano praticamente impossibili da aprire. I soldati, per aprirle, le prendevano a fucilate. La cosa mi dà modo di ricordare una circostanza storica che già conoscevo e che da sempre mi sembra metafora esatta della condizione umana: le scatole le abbiamo inventate nel 1810, ma il primo apriscatole decente è del 1925. Pensate a quei centoquindici anni che stanno in mezzo e capirete un sacco di cose. (Ma non sempre è andata così: il tosaerba, per esempio, fu inventato nel 1830 quando a nessuno era ancora venuto in mente quanto potesse risultare sedativo un prato tagliato bene, e non semplicemente pareggiato dal bestiame, e quindi pieno di cacca.) Capite che sotto l'ombrellone storie del genere possono farti dimenticare anche il vicino che commenta a voce alta il fondo di "Libero".

Ah, i materassi a molle furono inventati nel 1865. Dato che non funzionavano benissimo, poteva anche capitarti di rimanere infilzato nel sonno da una molla che faceva *sproing*.

24 giugno 2012

Curzio Malaparte

LA PELLE

"Io degli editori ancora mi fido. Se Adelphi decide che bisogna leggere Malaparte, provo a ubbidire"

Per molti anni non ho nemmeno preso in esame l'eventualità di leggere Malaparte: era fascista. Lo dico senza particolare fierezza, ma anche senza alcun complesso di colpa. L'antifascismo è un modo di stare al mondo che val bene il prezzo di certi svarioni. Il privilegio di aver ereditato la capacità di riconoscere i fascismi e l'istinto a combatterli vale largamente qualche scaffale vuoto, e un po' di bellezza o intelligenza persa per strada. Detto questo, ci si ammorbidisce col tempo, e quando Adelphi ha deciso di sdoganare Malaparte, io ero pronto. In realtà qualcosa era già successo, e cioè che per studiare la Prima guerra mondiale, qualche anno prima, mi ero imbattuto nel suo *Viva Caporetto!*, un incredibile racconto-riflessione sulla mitica disfatta: non c'era niente da fare, traboccava talento e indipendenza di pensiero, e se avevi i tuoi soliti luoghi comuni su quanto era successo laggiù, quel libro te li faceva a pezzi, portandoti via oltre qualsiasi ovvietà di comodo. C'era anche da annotare che un libro del genere, antimilitarista e contro-patriottico, Malaparte l'aveva pubblicato nel 1921 (subito bloccato dalla censura) e lì iniziavi a capire che liquidarlo come "fascista" doveva essere un sistema comodo ma impreciso, almeno quanto definire Messi una seconda punta. Insomma, era chiaro che la faccenda era più complicata: e tutta la biografia di Malaparte sta lì a ricordarlo. Senza aver troppa voglia di capire, ho finito per trovarmi a leggere *La pelle* come se fosse un libro e basta, che forse è la situazione più augurabile. Ci ho lottato parecchio, perché è difficile trovare libro più sgradevole, sotto ogni punto di vista, ma adesso eccomi qui ad annotare che in dieci anni ho letto pochi libri più belli (e a scrivere "belli" ho fatto una certa fatica, perché, di nuovo, non è la parola giusta).

Com'è noto, in quelle pagine Malaparte racconta la Napoli liberata dagli americani. 1943. Un inferno. Cioè: un infernale palcoscenico di esibizionismo, miseria, degrado morale, paradossi, sceneggiate, polsini candidi, mostrine e gambe spalancate. Malaparte parlava di cose che conosceva: nel 1944, in una delle sue tante giravolte biografiche, faceva l'ufficiale di collegamento tra l'esercito italiano e le Forze d'occupazione. In pratica era l'uomo che aiutava gli americani a capirci qualcosa. *La pelle* è in teoria il resoconto di quei giorni, del suo andare in giro per l'inferno facendo da guida allo stupore infantile degli yankee. In pratica le cose stanno un po' diversamente perché *La pelle* è innanzitutto un romanzo, e quindi non registra il reale, ma lo traduce nello sguardo di un uomo particolare, che potrebbe anche essere pazzo, o solo molto fantasioso, o semplicemente cieco. Napoli era davvero l'inferno che Malaparte racconta? Non lo so. Sono vere quelle scene grottesche che colleziona una dopo l'altra? Probabilmente non c'è risposta perché la domanda è mal posta. Libri come questo dissolvono la nozione di "Vero" con la stessa poetica efficacia con cui le Deposizioni, nell'arte sacra, scioglievano quanto c'era di Dio in quel corpo calato dalla croce. Sono attimi, ma in quegli attimi, se ti chiedi cosa è Vero, o dov'è finito Dio, stai facendoti la domanda sbagliata.

Sono visioni barocche, mi verrebbe da dire. Realismo magico mediterraneo. Una storia per tutte: dato che in mare era proibito pescare, per onorare i banchetti degli ufficiali americani pensarono bene di pescare nell'acquario di Napoli. Quindi si mangiavano solo pesci molto esotici e inusuali. Liquidati i più appetibili si dovette ripiegare su quelli meno presentabili, e quel che succede a un certo punto è che alla tavola del Generale Cork servono una monumentale Sirena (il pesce che per le sue sembianze umane ha generato la leggenda delle Sirene) e per un lungo istante che non finisce mai tutti vedono una bambina dove invece era un pesce, una bambina bollita, per dirla tutta, su un letto di lattuga, sfigurata dal bollore (l'ho detto, non è un libro gradevole). Stavano a mollo in un inferno, infatti, dove si sarebbe anche potuto pensare che ti stavano servendo a tavola una bambina bollita. Finisce che non la mangiano, pur convinti alla fine che si trattava di un pesce. Il tocco finale, magistrale, è il cappellano che pretende però di seppellirla in giardino, non si sa mai. Cos'è tutto questo? Cronaca o invenzione? Mi verrebbe da rispondere come fanno i colombiani quando gli chiedi se le storie di García Márquez sono vere: non capiscono la domanda.

Va aggiunto che il suo realismo magico Malaparte lo declina con una lingua anch'essa difficilissima da inquadrare. Il tono di fondo è un cinismo un po' dandy. Poi sopra ci sono un paio di passate di limpida tinta espressionista: solo che il pennello che tira il colore doveva essersi prima sporcato in una latta di romanzetti rosa. Il tutto è rifinito con svolazzi retorici, passaggi tirati via, e splendidi squarci di scrittura durissima, ma trasparente: diamante. Capite che il risultato finale è una scrittura senza nome. Il che, naturalmente, vi deve intrigare: perché dove c'è una voce irripetibile, e senza spiegazioni, lì di solito c'è quella sospensione del mondo che, per praticità, chiamiamo letteratura.

1 luglio 2012

Cartesio

DISCORSO SUL METODO

"Un classico della filosofia all'anno, su questo non si discute. Anche solo per sentirne la musica, o respirarne la splendida arroganza"

È un libretto, e già questo è affascinante. Se vi aspettate un tomazzo erudito e noioso non sapete di cosa stiamo parlando. È un libretto, e Cartesio lo scrisse in francese. Come ha insegnato Fumaroli, la cosa è assai più significativa di quanto possa sembrare. Ai tempi (1637) l'erudizione era scritta in latino, era alluvionale e oscura, ed era infarcita di citazioni di classici (il sapere coincideva con il sapere i classici). Cartesio, che veniva da quel mondo lì, buttò tutto all'aria e fece un gesto tipicamente barbaro: cinquanta paginette scritte in una lingua che ai tempi si credeva inadeguata a qualsiasi eloquenza. Perché lo fece? Perché voleva davvero voltare pagina, fondare un nuovo metodo per capire le cose: sapeva che gli eruditi non avrebbero apprezzato e non scrisse per loro: scrisse per le nuove, superficiali élite dei salotti parigini, che il latino non lo conoscevano e i libri li leggevano solo se si potevano tenere in una mano mentre con l'altra ti sventolavi (o facevi altro, come annotò una volta Rousseau, parlando di romanzetti erotici). Scrisse per i barbari dell'epoca. Si fidò di loro, e quelli, in effetti, covavano una rivoluzione culturale vera e propria.

Per loro scrisse un libro di filosofia, ma la realtà dei fatti è che per almeno metà delle pagine gli venne fuori un libro di avventure. Per quanto possa sembrarvi strano, il *Discorso sul metodo* ha una struttura narrativa precisa, da manuale. Il viaggio dell'eroe. Un ragazzo intellettualmente superdotato fa il giro del mondo per imparare tutto, e quando torna a casa scopre che non sa niente. Allora si chiude nella sua cameretta e sconfigge i suoi demoni. Da manuale, ve l'ho detto. Se pensate che sia una mia elucubrazione, allora sentite lui: "Proponendo io questo scritto solo come una storia, o se preferite come una favola [...] spero che sarà utile a qualcuno e a nessuno nocivo [...]". Non è interessante? Il libro che fondò l'idea moderna di sapere, agli occhi di chi lo scrisse *era fiction*. Liquidati i preamboli, inizia praticamente con questa espressione: "Fin dall'infanzia sono stato allevato nello studio delle lettere...". Quasi Proust.

Ah. Una volta ho chiesto alla mia professoressa di italiano dove cavolo Proust aveva preso quel modo di scrivere. Cioè, quella sontuosa capacità di srotolare sintassi per venti righe senza la minima fatica. I saggisti francesi del Sei e Settecento, mi ha risposto. Non ne avevo letto neanche uno, quindi non capii bene, ma come risposta mi piacque: in effetti saltava in un colpo la letteratura tutta, e mi spiegava come mai mi riuscisse impossibile dedurre da un Balzac o da un Flaubert il mestiere con cui lavorava Proust. Quadrava. Ma ho capito cosa esattamente la professoressa volesse dire solo quando ho letto Cartesio, il francese di Cartesio: dato che questa edizione Laterza è bilingue, lo potete fare anche voi. Un francese di un'eleganza e di un virtuosismo che incantano (non sto dicendo che la traduzione non è bella, lo è, dico solo che il suono del francese è violoncello, e quindi diverso da quello dell'italiano, che è violino. Quanto a Proust, suonava la viola da gamba). Così non è nemmeno poi così importante che capiate la riflessione filosofica. Un libro come questo si può leggere anche solo per il piacere della bellezza pura e semplice.

E per alcune, tante, perle. A un certo punto se la prende con gli eruditi e il loro modo di mettere giù le cose, oscuro e arcigno. Non gli andava che quei sapienti si prendessero gioco dei lettori, molto migliori di loro. Lo disse in tre righe: "Mi sembrano come un cieco che per battersi senza svantaggio con un vedente l'avesse fatto venire nel fondo di un sotterraneo molto oscuro". Stesi. Come si sa, lui era per un pensiero capace di idee chiare e distinte. La limpidezza, e una qualche forma di geniale semplificazione, erano quel che lui intendeva per *intelligenza*: con sublime coerenza scriveva frasi come queste: "Ho sempre avuto un immenso desiderio di imparare a distinguere il vero dal falso per vedere chiaro nelle mie azioni e procedere sicuro nel cammino della vita". Limpido, appassionato, esatto. Una lezione. A un certo punto sfiora il tema della gloria e del successo, che per uno che pensava di aver risolto tutti i problemi aperti del sapere era un tema in qualche modo inevitabile. Al proposito, Cartesio aveva idee molto prudenti ma determinate, che riuscì a stilizzare in una frase che mi è cara in ogni sua singola piega, e che mi è immensamente gradito copiare qui. "Benché io non nutra eccessivo amore per la gloria, o addirittura, se posso dirlo, la odii in quanto la giudico contraria alla tranquillità che apprezzo sopra ogni cosa, tuttavia non ho mai tentato di nascondere le mie azioni come se fossero delitti, né ho fatto uso di grandi precauzioni per restare sconosciuto: avrei creduto di far torto a me stesso, e, d'altronde, me ne sarebbe venuta una sorta di inquietudine che, torno a dire, sarebbe stata in contrasto con la perfetta tranquillità che io cerco."

8 luglio 2012

Katie Hafner

GLENN GOULD E LA RICERCA DEL PIANOFORTE PERFETTO

"Li ho tutti, i libri su Glenn Gould. Figurati se perdevo questo"

Non ha nessun senso, ma a volte mi viene da immaginare che in principio esistevano due grandi liste: da una parte le storie, dall'altra gli scrittori. Poi qualcuno ha accoppiato gli uni con le altre. E lì, ogni tanto, si è verificato qualche spiacevole errore. Per esempio: è evidente che *Michael Kohlhaas* doveva scriverlo Dostoevskij e non Kleist, così come va da sé che ci dev'essere stato un errore se poi Calvino ha scritto *Il cavaliere inesistente* (ovviamente destinato a Kafka) e non ha scritto *L'Aleph* (poi finito a Borges). Ogni tanto mi attardo a pensare alle infinite conseguenze prodotte dall'equivoco che ha consegnato *Lo straniero* a Camus invece che al suo legittimo destinatario, Simenon. Né qualcuno riuscirà a impedirmi di rimpiangere la bellezza che avremmo conosciuto se Céline avesse scritto *Germinal* e Proust *Lolita*.

La cosa vale anche per i saggi. Anni fa è uscito un bellissimo libro dedicato alla longitudine, alla lunga storia di come gli umani riuscirono a determinare la posizione delle navi, in mare aperto, usando il parametro della longitudine. La vicenda è talmente bella e simbolica che il libro che la raccontava, pur ben scritto da Dava Sobel, ti faceva venire a ogni pagina il rimpianto che a scriverlo non fosse stato uno scrittore, anche solo uno Zweig. La stessa cosa mi è accaduto di pensarla leggendo questo libro su Gould, bel libro, scritto con pulizia: ma è un po' come affidare una storia di Maigret a un giornalista di nera. Va tutto bene, ma c'è un certo riverbero di cui rimani orfano a ogni pagina.

Perché la storia è bellissima. Forse il titolo originale era più puntuale: *A Romance on Three Legs*. Di fatto è la storia dell'incontro di tre personaggi: un pianista di genio, un pianoforte anomalo, e un accordatore formidabile. In un certo senso è una storia d'amore.

Gould sapete chi era: ci sono tutti i pianisti del mondo e poi c'è lui. Era talmente coerente, fin nei dettagli, a ciò che intendiamo per *genio* che nei dizionari, alla voce *genio*, bisognerebbe mettere: "persona simile a Glenn Gould". Aveva un suo modo molto personale di intendere la musica, e una collezione di manie che aveva dello spettacolare. Ovvio che la scelta del pianoforte, per lui, fosse una questione complicatissima, ai limiti del mistico. A lungo cercò lo strumento ideale e quando lo trovò ci passò insieme una buona parte della vita. Era uno Steinway, si chiamava CD 318, pesava 550 chili ed era nato il 31 marzo 1941.

Nascere nel 1941, se sei un pianoforte, significa essere nato per miracolo. Erano tempi di guerra, e perfino la mitica Steinway & Sons era stata cortesemente invitata a fare qualcosa di più utile che strumenti per suonare Chopin. Le bombe non le sapevano fare, così gli fecero costruire alianti militari. Andavano talmente male che dopo un po' si decise di convertire la produzione in qualcosa di più semplice: bare. È in questa allegra cornice che, in qualche modo, fabbricarono il CD 318. Il quale poi ebbe un'anonima carriera nella Concert Hall di un rivenditore di Toronto, e finì in un sottoscala quando da qualcuno fu giudicato ormai pensionabile. Fu lì che lo trovò Glenn Gould. Si sedette al piano, trovò sotto le dita qualcosa che cercava da anni, e da lì si alzò solamente molti anni dopo.

La storia d'amore sarebbe finita lì, ma la musica è più complessa delle vita sentimentale (*ancora* più complessa) e quindi manca ancora un terzo elemento, decisivo: l'accordatore. Guardate che non è solo una questione di note stonate: l'accordatore scolpisce il suono di un pianoforte, praticamente ne disegna l'anima. Ora, prendete il pianista più geniale del pianeta e sedetelo davanti a un pianoforte unico e quasi insuonabile: lo capite che quello che manca è un accordatore speciale.

Si chiamava Charles Verne Edquist, aveva un anno più di Gould, era praticamente cieco e veniva da un'infanzia di miseria e fatica. Ad accordare pianoforti ci era arrivato perché i ciechi erano considerati, a ragione, particolarmente adatti a quel mestiere. Partì dal basso, studiò molto, entrò nella pancia di migliaia di pianoforti, e si fece il Canada avanti e indietro per accordare a tre dollari l'uno i pianoforti delle famigliole per bene. Poi qualcuno si accorse che lui non era solo bravo: era il migliore. All'inizio degli anni sessanta accadde ciò che doveva accadere: Edquist, Gould e il CD 318 si incontrarono per la prima volta. Naturalmente non andò subito tutto bene, perché erano tre tipi complicati. Ma avevano una storia, davanti a loro, e lo sapevano.

Il resto, è leggenda. Per capirla basta un aneddoto. Edquist vedeva pochissimo, quasi niente, ma era in grado vagamente di riconoscere i colori. Aveva anche l'orecchio assoluto, per cui sapeva riconoscere le note. Nella sua testa, le due cose si erano mischiate. Per cui se gli suonavi una nota lui era in grado di dirti che era un Fa e se gli chiedevi come faceva a saperlo lui rispondeva: be', è blu. Il Do era un verde giallastro, il La bianco, il Re color sabbia. Un giorno, alcuni anni dopo che si erano conosciuti, ebbe un momento di coraggio e spiegò a Gould quel suo strano modo di vedere le note. Dovette dirgli che il Sol era arancione, o una cosa del genere. Sì, lo so, rispose Gould.

15 luglio 2012

Truman Capote

COLAZIONE DA TIFFANY

"Era una cosa che rimandavo da anni: capire come Truman Capote potesse aver scritto un romanzetto del genere"

Ogni tanto, se fai il mio mestiere, accade che ti chiedano qual è il libro che avresti voluto scrivere. Per un po' di anni ho risposto *I Tre Moschettieri*, e non era una risposta snob, era una cosa sincera. Da qualche anno, invece, mi sono convinto che il massimo, per uno scrittore, è questo: aver scritto *Colazione da Tiffany* e anche *A sangue freddo*. Faccio fatica a immaginare una più cristallina e incontestabile esibizione di bravura. Già scrivere uno dei due sarebbe un risultatone: ma come sia riuscito Truman Capote a concepirli e costruirli tutti e due, questo davvero mi sfugge. A rigor di logica l'autore di *A sangue freddo* dovrebbe vomitare leggendo *Colazione da Tiffany*, e viceversa. Ma evidentemente per Capote erano solo stagioni diverse del suo essere autore. È questo tipo di talento, esibizionista, inutile e potenzialmente infinito, che mi ha sempre affascinato: alla fine gli scrittori per cui davvero vado matto sono quelli che hanno finito per confutarsi da se stessi: per dire, *Moby Dick* e *Bartleby lo scrivano* si sopprimono a vicenda: non è fantastico?

Tornando a Capote (un uomo che se avessi avuto il privilegio di incontrare avrei sicuramente trovato insopportabile), va detto che, dei due libri citati, quello veramente geniale è *A sangue freddo*, d'accordo. Per quello che ci capisco io, ci sono tre o quattro libri, in tutta la storia moderna dei libri, che sono riusciti a ottenere letteratura limitandosi a raccontare fedelmente un fatto di cronaca: sono così pochi che non si può nemmeno parlare di genere: sono miracoli e basta. Uno è sicuramente *A sangue freddo*. Ho provato tante volte a capire perché gli riesca l'acrobazia in cui naufragano in modo grottesco tanti altri libri con la stessa ambizione, e non sono mai riuscito veramente a capire. Ma credo che sia innanzitutto una sovrumana abilità nel frenare: lo stile, l'immaginazione, la partecipazione emotiva. In quel libro la parte geniale è tutto quello che non c'è. Ma comunque. L'ho letto più di dieci anni fa e questo mi esime dal parlarne qui: vi spiace se passo a Holly Golightly?

Purtroppo c'è il film. Il problema con *Colazione da Tiffany* è che per un po' continua a fare capolino l'insopportabile Audrey Hepburn del film di Blake Edwards. Sulla questione, ecco come stanno le cose: le donne vanno matte per Audrey Hepburn mentre per tutto il pubblico maschile (Truman Capote compreso) Holly è evidentemente Marilyn Monroe. Come che sia, uno legge il libro e ha quelle due che sbucano da tutte le parti, e all'inizio c'è un po' di confusione. Ma poi Capote prende il controllo e allora vedi Holly, solo lei, e chiaramente capisci che se ci sono dieci personaggi femminili davvero indimenticabili nella letteratura del Novecento, lei è una delle dieci. Quelle fantastiche tirate. Lo humour sempre, soprattutto nella tristezza. Il fatto che se deve leggere la lettera di un fidanzato, prima si mette il rossetto. Cose così. Verso la fine, quando ormai il film te lo sei scordato, dice una frase che se solo avessi letto a trent'anni forse mi avrebbe fatto risparmiare un sacco di tempo: "Non può continuare così per sempre, a non sapere che cos'è tuo finché non lo butti via". Verso l'inizio, invece, quando ancora nella mia mente ha la voce e le curve di Marilyn Monroe, stacca un breve dialogo che immagino farò scrivere a caratteri eleganti, prima o poi, su un muro un po' defilato della Holden, dove i più pazienti lo leggeranno, o quelli più disposti a sopportare la realtà delle cose. È un dialogo tra Holly e il narratore, un aspirante scrittore che abita sotto di lei. Si sono appena conosciuti, e si stanno giusto presentando.

Lei: Dimmi, sei un vero scrittore, tu?

Lui: Dipende da quello che intendete per "vero".

Lei: Be', tesoro, c'è qualcuno che compera quello che scrivi?

Naturalmente la faccenda non è tutta lì, è più complessa, e tuttavia c'è anche un modo di rotolare sulle cose – di rotolare *divinamente* sulle cose – che dalle cose gratta via una qualche verità. Ecco, tra l'altro, quel che fa tutto il libro, dalla prima all'ultima pagina: *rotolare*, ed è dubbio che molti abbiano ottenuto una tale fluidità, leggerezza e soavità. Anche per questo, il libro è incomparabilmente più riuscito del film, coerentemente a un verdetto che avrei deciso di assumere come definitivo, tanto per semplificarsi la vita, almeno in questo genere di cose: se sai che un film viene da un libro, il libro è più bello. (Anche *Full Metal Jacket* viene da un libro, ma non lo sai, e infatti è incomparabilmente più bello del libro.) Non escludo che adottando questo sistema si finisca per prendere qualche granchio gigantesco: ma il risparmio di tempo è evidente, e vale pure qualche errore.

Per la cronaca – e per confermare quanto appena detto – il libro non finisce nel modo disdicevole in cui finisce il film, e questo perché è un libro, cioè il prodotto di una civiltà che sapeva, e ancora sa, qual è il passo del commiato, e l'arte di lasciare andare una storia lontano, quando il suo tempo è colmato.

22 luglio 2012

Hilary Mantel

WOLF HALL

"In effetti era quello che mi dicevano: uno di quei libri che verso le sette di sera inizi a pensare che poi a letto ti aspetta lui"

Il romanzo storico di qualità è un raro animale anfibio che nella catena genetica del raccontare sta in un interstizio nascosto tra il fumettone indegno e il capolavoro letterario alla *Memorie di Adriano*. Dato che il rischio del capolavoro letterario è privilegio di pochi, la tendenza più abituale è scivolare indietro nel fumettone, parola che mi farebbe comodo non stare nemmeno a spiegare e che invece eccomi qui a spiegare: è quando scrivono in quella lingua così priva di ambizioni, o incapace di sottigliezze, da rendere impossibile al lettore di gusto superare la ventesima pagina senza la mesta impressione di essere lì a mangiare *foie gras* direttamente dalla scatoletta. Spesso si tratta di raccontatori eccellenti, ma va anche capito che se uno viene da buone letture, e magari da qualche Shakespeare, la pretesa di vedersi la tavola almeno un po' imbandita non è un'arrogante snobberia, è giusto la cosa più naturale del mondo. Va anche detto che il romanzo storico impone, nella sua apparente semplicità, tutta una serie di prodezze tecnico-stilistiche che lo rendono di una perfida difficoltà: se mai dovesse accadervi di scriverne uno sappiate che vi troverete nella necessità di mettere in bocca delle battute a Carlo Magno, o di fare andare a letto Abelardo ed Eloisa, o di sedervi a tavola a una cena da Madame de Pompadour: tanti auguri. Io trovo incredibile come tanti narratori si infilino in simili scalate da sesto grado superiore con un equipaggiamento stilistico che supera di rado l'infradito. Mi verrebbe da chiedermi come mai non c'è qualcuno che li ferma in tempo, ma poi mi ricordo quante copie vendono e allora la domanda mi sembra un tantino meno urgente. (Niente da dire, peraltro, contro quel tipo di pubblico: anche io sono così quando, ad esempio, compro una bicicletta: semplicemente non ho passato abbastanza tempo a pedalare per capire certe differenze, o aspettarmi molto di più che un funzionamento sereno e felice: è solo questione di gesti che non si è fatti a lungo, o molte volte: si hanno gusti semplici, non scemi, semplici. Quindi, amici come prima.)

Riassumendo: contro ogni logica matematica, se ami la Storia e adori i romanzi avrai i tuoi bei problemi a trovare un romanzo storico che ti piaccia. Io l'ho trovato quando certi amici mi hanno rifilato questo *Wolf Hall*, insistendo sul fatto che non era affatto quello che pensavo e portandomi all'incredibile risultato di spararmi settecento pagine su un Cromwell che poi, oltretutto, non era nemmeno *quel* Cromwell.

Questo, di nome, fa Thomas, Thomas Cromwell, e sui libri di storia non c'è, o quasi, perché fu sì un uomo dal potere immenso, ma declinato in modo inappariscente e sordo. Privo di funamboliche acrobazie fu il suo destino. Holbein il Giovane ne fece un ritratto che io trovo splendido: Cromwell vi compare diafano, sfuggente e illeggibile: tuttavia è chiaro che se c'è qualcuno che non vorresti mai trovarti contro è quell'uomo. Abilissimo negli affari, era venuto su dal niente scalando l'Inghilterra di Enrico VIII con due sole doti, ma esercitate a livelli straordinari: la fermezza e la capacità di risolvere problemi. Aveva forse una sua deontologia professionale, uno spiccato senso dell'onore, e un'istintiva grandezza d'animo: tuttavia il gioco del potere era piuttosto duro, ai tempi, e di tali virtù fece uso molto misurato e sapiente. Veniva dal nulla, ebbe quasi tutto e morì all'età di cinquantacinque anni in un modo che, visto il genere di lavoro che faceva, va considerato banale: un boia gli staccò la testa (pare fallendo il primo colpo e quindi complicando un po' la faccenda).

Poiché inappariscente, Thomas Cromwell non parrebbe l'eroe ideale per un romanzo storico, e qui sta la prima mossa di talento della Mantel: l'averlo scelto – cosa che in un istante la mette a spiare la Storia da dietro, dagli occhi di un personaggio di seconda fila. È un bel trucco perché i re, i papi, le Marie Stuarde sono in questo modo personaggi che sfilano mai troppo vicini, sempre riflessi in uno specchio, spesso rimbalzati da voci altrui: leggermente sfocati, risultano improvvisamente più raccontabili. A questa accortezza la Mantel ha fatto seguire almeno due altre mosse di cui le sono stato grato. La prima è che scrive bene e non ha ritenuto opportuno dimenticarsene. Non scrive neanche tanto semplice, e questo, per il lettore che ha pedalato molto, è di infinito sollievo perché lo porta a quel minimo di fatica che lo fa sentire rispettato. Potrei dire che addirittura ha uno stile, e non sbaglierei di molto. È una scrittrice, ecco, non solo una narratrice. E infine, ha lavorato su un patrimonio di erudizione sterminato, ma non sta a ricordartelo in continuazione. Ha studiato molto, ma non si sente. Questa è una cosa su cui, negli anni, sono diventato intollerante: non perdono a nessuno scrittore di farmi intravedere le ore passate in biblioteca, o a informarsi sul terreno, o a intervistare la gente: mi piace che quelle fatiche scompaiano nel gorgo del testo, fuse in maniera invisibile con la storia, questo sì. Ma quelli che non hanno la pazienza, o la capacità, di fare questa fusione, non li sopporto. Lasciare sulla superficie di un libro le tracce di quanto hai studiato è una cosa penosa come poche altre: oserei dire che siamo ai livelli delle spalline del reggiseno in plastica trasparente. (Non potrei giurare che la Mantell non le abbia mai messe, ma so che in questo libro non le mette mai. *Thank you, madam.*)

29 luglio 2012

Wolfgang Schivelbusch

LA CULTURA DEI VINTI

"Capita di perdere, come è noto, per cui l'idea che qualcuno si fosse dedicato al problema prometteva una qualche consolazione"

Già l'idea di partenza è affascinante: di norma la Storia insegna che gli sconfitti escono dalle guerre con una vitalità e un'energia creativa che i vincitori si sognano. Il primo esempio, come sempre, viene dalla guerra per eccellenza, cioè la guerra di Troia: mentre gli Achei vincitori se ne tornavano a casa, incontro a tragedie di tutti i tipi, dai sopravvissuti troiani germinò mezzo mondo: da Enea nacque Roma, da Francio (uno dei figli di Priamo) la Francia, e da Bruto (nipote di Enea) l'Inghilterra: miti, leggende, si dirà, ma quando la narrazione collettiva si trascina dietro certe costanti, è chiaro che lì sotto c'è un'intima convinzione, o una qualche istintiva certezza. Schivelbusch l'ha presa sul serio e si è messo a ricostruirla, esaminando gli *exempla* offerti dalla Storia. In particolare si è messo a studiare tre celebri sconfitti: gli stati del Sud dopo la guerra di Secessione americana, la Francia dopo la guerra franco-prussiana del 1870 e la Germania uscita perdente dalla Prima guerra mondiale. Non ci ha messo molto, Schivelbusch, a capire che in effetti la sconfitta, in quei tre casi, aveva messo in moto un'urgenza di rinascita e una capacità di futuro davvero sorprendenti: gente che avrebbe dovuto essere in ginocchio invece ballava, e intanto immaginava il riscatto con la libertà e la forza che solo il ripartire da zero può dare. Chi vuole può dedurne qualcosa di confortante per le più misurate, ma sempre dolorose, sconfitte quotidiane, ma intanto molto si può imparare dei meccanismi mentali che abbiamo quando siamo popoli in guerra, o comunità in emergenza. Uno dei più affascinanti è il culto del movimento, del dinamismo: poiché la sconfitta è in genere percepita, quasi irrazionalmente, come "un blocco improvviso e mortale", l'istinto primario, quasi animale, è cancellarla rimettendosi in movimento, in modo nevrotico, maniacale e spesso geniale. Il bello di Schivelbusch (uno studioso che ama occuparsi di cose come i primi treni o l'invenzione dell'illuminazione artificiale) è che questi movimenti dell'anima li spia studiando i sintomi sparsi sulla superficie della vita materiale: in pratica uno si trova a ricostruire il sentire del mondo passando per la mania del ballo, l'estasi delle prime autostrade, l'invenzione dello sport, l'utopia della catena di montaggio. Si imparano un sacco di cose, e il diletto è assicurato.

Sarei qui a fare degli esempi, per il divertimento comune, se non fosse che, rileggendo il libro per scrivere queste righe, mi sono imbattuto in alcune paginette che ai tempi avevo letto di scappata, e invece ora, alla luce di quello che sta succedendo là fuori, mi hanno lasciato secco per la loro portata profetica (il libro è del 2001). Spegnete la musica e sentite qui. Dice Schivelbusch che è importante ricordare come la guerra sia sempre, e innanzitutto, il confronto tra due economie: si combatte per stabilire chi è il più ricco, e il più ricco la vince. In passato, variabili come il coraggio o la perizia militare lasciavano qualche margine di imprevedibilità, ma da metà dell'Ottocento, dice Schivelbusch, le cose si sono irrigidite: "senza eccezioni, le guerre totali dell'età moderna sono state decise da fattori economici piuttosto che militari. La guerra è diventata un fenomeno nel quale le risorse umane e materiali sono inviate sul campo di battaglia per essere distrutte, finché solo la parte economicamente più solida, il vincitore, rimane in piedi". Fin qui potevo forse anche arrivarci da solo. Ma Schivelbusch non si ferma qui: "In un ulteriore perfezionamento dello schema, la Guerra fredda ha eliminato completamente l'intero processo di distruzione sul campo di battaglia, schierando le economie delle nazioni in lotta direttamente l'una di fronte all'altra". Giusto. In effetti mi ero sempre chiesto qual era il senso di quegli enormi arsenali nucleari, quando una sola testata avrebbe chiuso la partita: adesso so la risposta. Stavano contando i soldi. Schivelbusch non si ferma e ci ricorda com'è finita la Guerra fredda: la caduta del Muro di Berlino, cioè NON un evento militare: "la vittoria del blocco occidentale nella Guerra fredda è stata la prima a essere conseguita esplicitamente attraverso le armi dell'economia". Chiarissimo. Non resta che tirare l'ultima conseguenza: ed è quella che mi ha fatto saltare sulla sedia.

Dice Schivelbusch che a partire dagli anni novanta, coerentemente al processo prima descritto, l'economia si è sostituita, nell'immaginario collettivo e nella prassi della lotta politica, alla guerra. Traduco: quella là fuori non *assomiglia* a una guerra, *lo è*. Per usare le parole di Schivelbusch, implacabili: "in Occidente la minaccia di estinzione collettiva non è più connessa con la guerra ma piuttosto con l'economia, con la doppia minaccia della devastazione ambientale e della disoccupazione". Bingo!

Così adesso è giorni che mi chiedo chi ci ha dichiarato guerra, senza dirlo, chi ha deciso di attaccare l'Europa, da sud e in questo modo invisibile e asettico, e in quale ginepraio ci stiamo trovando. Penso alle prime pagine dei giornali nel 1914, e alle nostre di oggi. Penso alla gente che nel '44 ragionava di bombardamenti e sommergibili, e adesso sa di spread e default. Mantengo la calma, ma intanto penso.

Credo che andrò a cercare il numero di telefono di Schivelbusch. Ce l'avrà, no?

5 agosto 2012

Charles Dickens

TEMPI DIFFICILI

"Dovendo salvarsi la vita, niente di meglio che un Dickens, anche uno a caso"

Mettendo da parte *Il circolo Pickwick* – libro a cui devo moltissimo, ma per ragioni squisitamente private, e quindi insignificanti – io nei confronti di Dickens ho il seguente, curioso rapporto: adoro lui e non amo particolarmente i suoi libri. Non voglio dire che adoro il personaggio e non lo scrittore, non è questo: io adoro come scrive, non c'è nessuno con quella luce nella scrittura, e quella salvezza. Ma non c'è un suo solo libro che potrei definire un capolavoro, e forse neanche uno che sia riuscito a leggere senza una certa fatica. In realtà li confondo un po' tutti, e forse quando penso a Dickens, al suo modo di scrivere, penso a un unico, splendido, smisurato testo che mi è accaduto di leggere qua e là, senza neanche troppa urgenza di orientarmi in modo più preciso. Così ho la vaga sensazione che *Tempi difficili* mi sia piaciuto più di altri romanzi (se non altro l'ho finito) ma non potrei giurarci, e infatti la ragione per cui ne parlo qui non è la sua bellezza, che ricordo appena, ma una circostanza fortuita: il fatto che, in questa particolare edizione pubblicata da Einaudi, *Tempi difficili* sia seguito da un breve saggio di George Orwell dedicato a Dickens. E quello sì, lo ricordo con certezza, è straordinario. È lì che ho scoperto come la leggera discrasia che mi permette di adorare come scriveva Dickens ma non *cosa* scriveva, sia un fenomeno che non riguarda solo me: anzi, leggendo quelle pagine sono arrivato a pensare che sia l'unico approccio corretto che si può avere al grande genio inglese.

In pratica il saggio di Orwell potrebbe intitolarsi così: *Perché diavolo amo così tanto Dickens quando so con certezza che i suoi libri fanno acqua da tutte le parti?* Vi assicuro che la lettura è esilarante. La parte più sviluppata, a tratti furibonda, è quella dedicata al *far acqua da tutte le parti*: ma bisogna immaginare che non c'è una riga di questo saggio che non sia pervasa da un'ammirazione cieca, quasi sconsolata. Più mena mazzate, più deve finire per riconoscere che quell'uomo era un genio. E bisogna vedere che mazzate: il messaggio sociale di *Tempi difficili*? "Una colossale banalità." Le trame dei libri di Dickens? "L'ultima cosa che ci si ricorda di quei romanzi è la vicenda principale." I suoi personaggi? "Non hanno una vita mentale. Cominciano come le silhouette della lanterna magica per poi ritrovarsi in una pellicola di terz'ordine." Riassumendo: un autore piuttosto ignorante, un caricaturista, uno scrittore incapace di sviluppare i personaggi, un uomo il cui ideale di vita non andava al di là di una vecchia casa coperta d'edera, una moglie dolce e femminile, una tribù di bambini e nessun lavoro. Critica sociale: poca roba, giusto un patetico auspicio di un capitalismo buono. Sesso: "quasi al di fuori della sua portata". Non è strano che, più o meno a metà del saggio, Orwell si sia preso la briga di scrivere la seguente frase: "A questo punto, chiunque ami Dickens, e sia arrivato a leggere fin qui, probabilmente ce l'avrà con me".

E invece non ce l'hai con lui, perché non c'è una pagina di questo saggio, per quanto rabbiosa, che non sia una sofisticata glorificazione di Dickens e della sua arte singolare. È un modo piuttosto perverso di ammirare qualcuno, ne convengo, ma se avete la pazienza di leggere la citazione che sto per staccarvi, capirete che è un modo possibile, e anzi luminoso. Sono dieci righe di un'intelligenza che a me è sembrata strepitosa. Nel testo sono precedute da una micidiale paginetta in cui Orwell dimostra, fuori da ogni ragionevole dubbio, come Dickens fosse tristemente incapace di far agire i suoi personaggi, di farli normalmente vivere, cosa che spiega perché si limitasse a disegnarli – splendide figurine – per poi direttamente buttarli in qualche scena melodrammatica, l'unico modo che conoscesse per fargli accadere qualcosa. Ed ecco le dieci righe (le parentesi sono mie): "Naturalmente sarebbe assurdo affermare che Dickens è uno scrittore superficiale o puramente melodrammatico (*l'ha appena fatto!*). Molto di ciò che scrisse è estremamente realistico e forse nessuno è mai riuscito a eguagliare il potere evocativo delle sue immagini. Quando Dickens descrive una cosa una volta, la si vede per tutta la vita (*commovente*). Ma in un certo senso (*ah, ecco, c'è un ma*) la concretezza della sua visione è proprio un segno di ciò che a lui manca (*si può essere più perfidi?*). Perché in fondo è questo che vede sempre lo spettatore casuale: l'aspetto esteriore, ciò che non è funzionale, la superficie delle cose. Solo chi non è davvero interessato al paesaggio riesce a vedere il paesaggio (*non è un genio?*)".

Alla fine, non sapendo più a cosa appigliarsi per convincere se stesso che Dickens non gli piace, Orwell tira in ballo Tolstoj, tanto per avere un termine di paragone capace di disintegrare Pickwick e tutti quegli altri. Per dirla con le sue parole, "i personaggi di Tolstoj sono in grado di valicare le frontiere, quelli di Dickens possono essere ritratti su una cartina di sigaretta". Io, personalmente, baratto volentieri tutta *Guerra e pace* per tre pagine di *Grandi speranze*, e non vedo la necessità di interessarsi a quel trombone del conte Vronskij quando si può avere a che fare con uno come Snodgrass. Tuttavia concordo con Orwell che "nessuno è costretto a scegliere tra uno o l'altro più di quanto sarebbe costretto a scegliere tra una salsiccia e una rosa". Che tra l'altro ho sempre trovato di una noia sconcertante – le rose.

12 agosto 2012

Jon Fosse

MELANCHOLIA

"Trovato per caso, ma con quel titolo è evidente che mi stava aspettando"

Di questo pittore norvegese, Lars Hertervig, non avevo mai saputo nulla, e tutt'ora non potrei dire di sapere veramente qualcosa, tranne che *sono stato nella sua angoscia* e questo perché Jon Fosse mi ci ha portato per mano.

Nato nel 1821, Hertervig ebbe in sorte una vita che sembra un dépliant della sensibilità romantica: artista di talento, lasciò alcuni memorabili quadri prima di, disciplinatamente, impazzire: tanto per non lasciare nulla di intentato, morì povero e solo. Naturalmente, il mondo si accorse della sua grandezza solo quando ormai era sotto terra, e questa va considerata come la firma di una precisa civiltà apposta in calce a un omicidio perfetto. La vicenda è talmente stereotipata che si fa fatica a immaginare una vita vera, sotto la pelle del luogo comune: tuttavia un giorno mi è capitato di aprire un libro, in francese, e all'inizio non volevo credere che fosse scritto in quel modo, poi mi son lasciato andare – era come una marea – ed è così che sono entrato nell'angoscia di Lars Hertervig, senza neanche chiedergli il permesso e sicuramente con una lucidità di cui lui non fu mai capace: tanto possono i libri.

Non sarebbe successo nulla, comunque, se Jon Fosse (norvegese anche lui, molto noto come drammaturgo, meno come romanziere) non avesse scritto questo libro in un modo singolare, a tratti anche sfinente, ma in definitiva meraviglioso. Difficile dare un'idea, ma vi basti ad esempio sapere che la scrittura va avanti di due passi e poi indietro di uno, e così procede per pagine e pagine, spesso ripartendo da capo, in un gesto che assomiglia in tutto e per tutto a un pennello che passa e ripassa su una superficie liscia, fino a donarle un colore. Con un'andatura analoga, si sarà notato, si vive. Non sempre producendo, però, la poesia e il suono e la danza che Fosse ottiene dalle sue pagine, convertendo la feroce discesa nell'angoscia di un uomo in una festa musicale. Di mio, non scendo volentieri nell'angoscia altrui, disponendo già della mia, ma quando un libro ti invita al ballo, e lo fa con una simile solenne sicurezza, non è facile restare a fare tappezzeria: si va e si balla.

Pare, a proposito di Hertervig, che fosse maestro nel dipingere le nuvole: in altro modo potrei spiegare la bravura di Fosse, dicendo che la sua scrittura si muove come si muovono le nuvole dentro se stesse. Non attraverso il cielo, quello è banale, son buono anch'io: attraverso se stesse, addosso a se stesse. Di tanto in tanto assumendo il profilo di un oggetto, la silhouette di un pezzo di vita. Come se questa sola fosse la loro missione.

Devo aggiungere che nella terza parte del libro, l'unica non direttamente consacrata a Hertervig, e anzi vagamente autobiografica, Fosse racconta di uno scrittore – che poi è lui, ma con un nome diverso, Vidme – e quello che racconta è un istante che mi è stato concesso di conoscere molto bene, e cioè l'istante in cui uno capisce qual è il libro che deve scrivere, e cerca la forza per iniziarlo. Nel caso specifico Vidme si è convinto, guardando un quadro di Hertervig, che il libro che vuole scrivere è un libro su quel pittore, perché guardare quel quadro lo ha portato in prossimità di qualche mistero, o tesoro nascosto, o divinità segreta. Io, col tempo, mi sono ritrovato a concepire il mio mestiere come un sofisticato lavoro d'artigianato che sulla bellezza di alcune superfici ottiene talvolta di ridisegnare bagliori che vengono dal profondo, nulla di più: tuttavia so di cosa sta parlando Vidme, e dunque Fosse, e so che è un'ambizione molto alta e nobile, per quanto probabilmente illusoria, e quindi da tramandare. Per questo non ho smarrito una sua frase – una delle sue fluviali frasi – che ogni tanto rileggo, un po' per non disimparare le ambizioni più alte, e un po' per ricordarmi da dove viene l'istinto a scrivere, contro ogni logica e a dispetto di qualsiasi indigenza dei risultati. La trascrivo qui, così muore un po' meno. "Perché lui, Vidme, un uomo sui trent'anni fatti, ma già con qualche capello grigio, ritiene di aver scoperto qualcosa di importante che gli cambierà la vita, ha capito che si è addentrato in qualcosa di importante attraverso la sua attività di scrittore, qualcosa con cui deve fare i conti se vuole continuare la sua vita, e per questo Vidme cammina nella pioggia e nel vento pensando che già molti anni di lavoro come scrittore gli hanno man mano insegnato qualcosa di importante, qualcosa di cui pochi sono a conoscenza, lui ha visto qualcosa che non così tanti hanno visto, pensa Vidme, mentre cammina nella pioggia e nel vento, infatti, se uno si concentra abbastanza, lavora con sufficiente profondità e concentrazione, a capofitto in qualcosa, se uno vuole, se solo arriva dentro abbastanza, se si immerge abbastanza, arriva a vedere qualcosa che gli altri non hanno visto e quello che lui ha visto, pensa Vidme, mentre cammina nella pioggia e nel vento, è la cosa più importante che ha ricavato da tanti anni in cui praticamente ogni santo giorno ha scritto."

19 agosto 2012

Matthew Stewart

IL CORTIGIANO E L'ERETICO. LEIBNIZ, SPINOZA E IL DESTINO DI DIO NEL MONDO MODERNO

"Me l'aveva passato un'amica a cui avevo detto: ho chiuso coi romanzi, da qui alla fine leggo saggi e basta. Lo dico spesso, e ogni tanto lo faccio anche"

Nel prolungato e virtuosistico esercizio di intelligenza che chiamiamo Storia della Filosofia brillano momenti di avventura assoluta e uno di questi, senza alcun dubbio, è la stagione, delicatissima, in cui a pochi eruditi di genio riuscì l'immane impresa di spaccare l'invincibile compattezza dell'ordine teocratico in cui si viveva, regalandoci l'opportunità di non morire sotto l'Inquisizione. La scienza diede la spallata decisiva, certo, ma il lavoro più raffinato lo fecero i filosofi, a cui spettò il compito di mettere insieme i cocci di una certezza collettiva che stava crollando e ricomporli in una qualche sicurezza con cui si riuscisse a campare. Già che la Bibbia non sembrava essere il sistema migliore per capire come andavano le cose, c'era da trovarne un altro che non facesse sentire proprio abbandonati nel nulla. L'impresa, oltre che difficilissima, era anche mostruosamente pericolosa, perché mentre loro pensavano e scrivevano, il mondo intorno era ancora rigidamente teocratico, per cui, a dirla in termini semplici, a dire cosa pensavi rischiavi la vita. Degli eroi, per essere chiari.

Un modo ideale di farsi raccontare le loro imprese è leggere questo libro di Stewart, dedicato alle due figure che in quel West del pensiero incarnavano, per così dire, i due pistoleri più veloci della Frontiera: Spinoza e Leibniz. Diciamo che Cartesio gli aveva fornito le Colt, e loro sparavano come nessun altro. Come se la storia l'avesse scritta uno sceneggiatore di Hollywood, i due erano magistralmente antitetici, tipo Borg e McEnroe. Spinoza era olandese, faceva vita monacale, era un ebreo espulso dalla sua comunità (aveva idee spigolose per chiunque) e campava di un mestiere sublime: molava lenti per telescopi e microscopi. La sera, si dedicava in modo maniacale a un unico problemino da nulla, riassumibile così: che ne è di Dio in un mondo in cui l'uomo può cavarsela da solo? Quando morì, lasciò dietro di sé la seguente eredità: un ducato d'argento, qualche spicciolo e un coltello. Be', oltre a una pila di scritti che avrebbero cambiato il mondo.

Leibniz, al contrario, era luterano, tedesco, innamorato del denaro e della fama, abilissimo cortigiano: un uomo di mondo. Fu probabilmente l'ultimo genio universale: ebbe modo di dire la sua in una sfilza di discipline che merita di essere citata: chimica, cronometria, geologia, storiografia, giurisprudenza, linguistica, ottica, filosofia, fisica, poesia e teoria politica. Inutile dire che, in tanta generosità, gli accadde anche di sparare sciocchezze terrificanti (da giovane era vagamente convinto che la terra fosse fatta di bolle), ma resta l'ultimo luminoso esempio di cosa voleva dire essere dei sapienti quando il sapere era ancora bambino (ora è diventato adulto, e questa è la ragione per cui Steve Jobs non ha lasciato, oltre all'iPhone, trattati sull'angina pectoris e sull'accoppiamento dei camosci).

A livello teorico, venivano entrambi dallo stesso posto, cioè dal futuro: giocavano nel campo aperto che Cartesio aveva spalancato (l'avremmo poi chiamato *modernità*) e la scoperta della razionalità come diritto e direzione dell'umano rappresentava per tutti e due un passaggio senza ritorno. Il problema era come coniugare questo passo avanti con una cosetta a cui nessuno dei due intendeva veramente rinunciare: Dio. In particolare Spinoza aveva fama di ateo pericolosissimo e radicale, ma non era questa l'idea che lui aveva di se stesso, e non riuscì davvero mai a capire come la gente potesse pensare questo di lui. (Lo avrebbe certo consolato la risposta che Einstein, molto tempo dopo, diede quando gli chiesero se credeva in Dio: "Io credo nel Dio di Spinoza".) Leibniz se la cavava meglio, perché era piuttosto un grande conservatore, un mediatore abilissimo, un democristiano del Seicento, e così di sottigliezza in sottigliezza riuscì a sollevare un tale polverone che quanto c'era di eretico nel suo pensiero risultava alla fine imprendibile. Nati dalla stessa domanda, se ne filarono via poi per strade diverse, incontro a risposte diverse, e questo ne fa due tipici antagonisti da film. Dato che lo sceneggiatore aveva lavorato per bene, Spinoza, che non usciva mai di casa, era bellissimo; Leibniz, che non perdeva una festa, un mostro. E naturalmente: non si amavano. Ma anche si ammiravano, ovviamente, in qualche modo. Vi piacerà sapere che alla fine, una volta, si incontrarono: ma come finì il duello, questo non ve lo posso raccontare.

Lo racconta però molto bene Stewart, che quando c'è da ricostruire la vita quotidiana di quei due è brillante e leggero il giusto, ma quando c'è da andare al sodo e spiegare cosa mai avessero in testa non si tira indietro e, devo dire, riesce a porgere anche al lettore non particolarmente attrezzato le chiavi di lettura di due sistemi filosofici che quanto a complessità non scherzavano affatto. Non dico che si capisca tutto: ma certo, al termine del libro, mi era più chiaro il pensiero di Spinoza che il bugiardino della Tachipirina.

26 agosto 2012

Ian McEwan

CHESIL BEACH

"Quando l'ho visto in testa alla classifica ho pensato che bisognava almeno rendergli omaggio..."

In realtà, per dirla tutta, non è che di solito McEwan mi faccia impazzire. Un po' troppo professorino, se capite cosa voglio dire. C'è sempre quell'aria di studio medico, tanto ordine, troppa pulizia. Lui fa, ad altissimo livello, quella specie di contabilità dell'esistere, precisa fino alla quarta cifra dopo la virgola, che gli inglesi spesso amano scambiare per alta letteratura. Più che raccontare, mette le cifre in colonna, moltiplica e divide, e in questo è meticoloso fino all'acrobazia. Spesso tira anche le somme, fornendo una sorta di risultato finale, e questo già è più discutibile (la vita non è un conto che torna, che io sappia). Tuttavia lo fa spesso per puro rispetto dell'ordine, quasi se ne sentisse obbligato: così rimangono per lo più in mente quelle pagine di cifre allineate, senza correzioni e senza errori, quasi un tabulato del vivere, ma scritto a mano, con bella calligrafia e un certo senso estetico per la dimensione dei segni, l'equilibrio degli spazi, l'eleganza delle simmetrie. È abbastanza per ammirarlo, ma un po' poco per amarlo – o almeno così la vedo io.

Il fatto è che ho sempre qualche resistenza per questa letteratura che inquadra la vita vera e poi la scompone e ne dà conto, con l'aria di poterla, in questo modo, restituire ai viventi, per far loro vedere quello che fanno quando vivono. Una specie di replay al rallentatore. La moviola del lunedì – dopo la domenica della vita. Mah. Io intanto non credo sinceramente che si viva con quattro cifre dopo la virgola. Siamo macchine più approssimative. In un istante della nostra vita non passano mai tutte le cose che ci vedono gli scrittori come McEwan. Sono convinto che se viviamo un decimale è già tanto: il resto è un infinito evanescente che solo gli psicanalisti e certi scrittori inglesi reputano loro compito ricondurre a una certa, definitiva, chiarezza. Per come la vedo io, a chi scrive libri spetterebbe piuttosto ritrarre l'imprendibilità di quell'infinito, una cosa simile al rendere permanente in un quadro il riflesso in una pozzanghera o eterno, in una pagina, il momentaneo passaggio di un velo di nebbia su un lago. Ho in mente quelle frasi di Céline, che muoiono a metà e se la cavano con tre puntini di sospensione: nella loro indigenza, sono la figura di tutto quello per cui mi verrebbe da utilizzare il termine "letteratura". Proprio perché il vuoto in cui si perdono è il vuoto pieno di fantasmi in cui effettivamente accadono i nostri gesti, che non sono mai finiti, ma sempre seguiti da puntini di sospensione (di solito ci pensano gli altri a cercare di completarli e questo è quel che definiamo "avere delle relazioni"). Così, quella abilità di cui McEwan è maestro, mi sembra alla fine un'abilità artificiosa magari non inutile, ma certo inutilizzabile: non si muore di meno a farlo con gli occhi fissi sulle proprie cartelle cliniche. Invece ho sempre pensato che una certa luce sulla parete, a saperla fermare, o l'illeggibile sorriso di uno chinato su di te, ecco, questo sarebbe più appropriato guardare, disponendo di un istante ancora e di un paio di occhi per renderlo gentile.

E tuttavia *Chesil Beach* è bellissimo, lo devo ammettere, e questo in virtù della storia che racconta. Al lavoro c'è sempre il consueto contabile di talento, ma stavolta il calcolo a cui si applica l'ho trovato, con molta invidia, geniale. Non mi è facilissimo spiegare perché, forse non lo so neanche bene, è una cosa più che altro istintiva. Ma metà della grandezza di uno scrittore è isolare una particolare tessera del mondo, beccando, quasi alla cieca, quella dove tutto il mondo è scritto (o almeno una parte significativa), e in questo libro la particolare tessera di mondo, scomposta, calcolata, messa in colonna, seguita fino a quattro cifre dopo la virgola, è la prima notte di matrimonio di due giovani inglesi nel 1962, cioè volendo la prima notte di matrimonio di un sacco di giovani nel 1962, quando era davvero una prima notte di matrimonio, cioè la prima volta che scopavano, e *dovevano* farlo, come sarà successo sicuramente a moltissimi giovani nel 1962 e quindi, anno più o anno meno, a gran parte dei genitori di quelli della mia età, che analogamente a quei due giovani inglesi si saranno trovati a improvvisare un gesto che per lo più erano stati educati a reprimere o temere, e che in quella notte si trovavano costretti a eseguire, pur senza la minima preparazione tecnica e psicologica, mettendo insieme alla buona sensazioni come l'urgenza, il ribrezzo, la paura, il puro desiderio. E io ho spesso pensato che entrare in quella sorta di surreale tabernacolo sarebbe stato come accedere ai codici in cui erano stati scritti i nostri genitori, convinto che in ogni gesto di quella unica notte erano scritti tutti loro, e quindi tutti noi, come in una sacra pittura runica da cui tutta la loro, e quindi la nostra, esistenza poteva essere dedotta. Poteva essere un pensiero assurdo, e infatti l'ho pensato per anni senza grande fiducia, ma *Chesil Beach* invece è entrato in quella notte e poi ne ha stilato i tabulati, con una minuzia di cui non sarei mai stato capace, restituendomi un pensiero che era un pensiero appena, prima, e adesso un libro che non potrò più scrivere, dopo di lui, ma, come ora mi accorgo, che covavo da sempre. (Be', ovviamente è meglio per tutti che l'abbia scritto lui, su questo non ho dubbi.)

2 settembre 2012

Ambrose Bierce

IL DIZIONARIO DEL DIAVOLO

"Scoperto per caso, citato in una rivista americana per intellettuali milionari. Ovviamente io l'avevo comprata per sbaglio"

Strano tipo, questo Bierce. Adesso, a un secolo dalla sua morte, viene da deliziarsi col suo humour, contenti di aver trovato una perla simile nel gran mare dell'oblio. Ma non è nemmeno escluso che, da vivo, fosse insopportabile: una di quelle intelligenze acutissime che una piega cinica o un eccesso di narcisismo condannano all'esibizionismo puro e semplice. Non so. So che era dell'Ohio ed era nato nel 1842, decimo figlio di un padre che a tutti i figli aveva dato un nome che iniziava con la A (apprezzo sempre questi miti tentativi di dare un ordine all'esistenza). A quindici anni salutò la famiglia e iniziò ad andarsene in giro, cosa che praticamente non smise più di fare. Tra una cosa e l'altra partecipò alla guerra di Secessione, scrisse un bel po' di romanzi e racconti, conobbe Mark Twain (di cui, a vedere le foto, sembra il fratello bello, pur non essendolo, visto che Mark inizia con la M), divenne un giornalista alla moda e coi suoi articoli al curaro si guadagnò il soprannome di "The Wickedest Man in San Francisco" (L'uomo più cattivo di San Francisco). Ignoro se la cosa gli procurasse una qualche fierezza; so che lo costringeva a girare con una piccola pistola in tasca. Quando si trattò di organizzare i commiati di rito (era ormai il 1913, e lui era un settantenne) si fece un bel giro nei luoghi in cui aveva combattuto, poi informò tutti che andava in Messico a dare un'occhiata alla rivoluzione di Zapata e Villa, quindi sparì nel nulla. Sul serio: nessuno ne seppe più niente. La versione più accreditata lo dà per stecchito in una sparatoria tra rivoluzionari ed esercito regolare: ma sa un po' di agiografico. Secondo un'altra versione, che io trovo deliziosa, fu Pancho Villa stesso a spargli, stufo di vedersi girare attorno 'sto americano che non la smetteva un attimo con le sue battutine feroci. Per la cronaca, c'è anche chi sostiene che non sia mai morto. Un ricercatore, forse per riequilibrare la cosa, ha sostenuto la tesi che non sia mai esistito.

Tra le tante cose che scrisse, prima di sparire in quel modo beffardo, c'è anche questo dizionario, che lui sosteneva essere utilissimo, al contrario di tutti gli altri dizionari. Ne ho sempre ignorato l'esistenza, ma un giorno, su una rivista fighettissima comprata negli States, ho incontrato per la prima volta, citata, una delle sue voci. Si trattava del termine "Linguaggio". La definizione recitava così: *Musica con cui si affascinano i serpenti a guardia dei tesori altrui*. Capite bene che da lì non ho più trovato requie fino a quando non ho recuperato un'edizione del dizionario in italiano (incredibilmente esisteva, sebbene fosse una selezione, e non il testo integrale). L'aprii e quel che mi capitò di leggere fu la voce "Clarinetto". Eccola qua: Clarinetto (s.m.). *Strumento di tortura. Chi lo suona, lo fa mettendosi cotone nelle orecchie. Peggiori del clarinetto ci sono solo due strumenti: due clarinetti*". Da lì non mi sono più fermato (e sì che il clarinetto lo adoro, chiunque ami Mozart lo adora).

Naturalmente non è il tipo di libro che uno si legge dall'inizio alla fine. Lo si tiene sul comodino, e nelle sere di stanca si leggiucchia qua e là. Anche in bagno va piuttosto bene. Si apre a caso e si legge. Egocentrico (agg.): *Persona di cattivo gusto che si interessa più di sé che di noi*. Solo (agg.): *In cattiva compagnia*. Immaginazione (s.f.): *Magazzino di fatti, in comproprietà fra il poeta e il bugiardo*. Cose così.

Certo, era uno che dalla vita non si aspettava nulla di buono. O faceva finta, non lo so. Di fatto non salvava praticamente nulla. Aiutare (v.tr): *Crearsi un in-*

grato. Amicizia (s.f.): *Nave abbastanza grande per portare due persone con il tempo buono, una sola con il tempo cattivo*. Autostima (s.f.): *Stima mal riposta*. In genere io non amo particolarmente questo tipo di cinismo brillante, ma in effetti son disposto a perdonarlo, e ad ammirarlo, in chiunque sia in grado di esibirlo con velocissima sintesi. Lui ne era capace. Applauso (s.m.): *Eco di una banalità*.

Quando ci si stanca si molla lì, il libro si perde tra i meandri di casa, scompare per mesi, finché, spinto da misteriose correnti sotterranee, rispunta in superficie, e vi aspetta lì, sapendo che tanto prima o poi sarete troppo stanchi per aprire il libro che state leggendo ma non così tanto da cercare un fumetto e sicuramente non così incurabilmente da spegnere la luce senza leggere. Al momento buono ve lo ritrovate in mano, ciao Ambrose, come va?, sempre a zonzo per il Messico?, dai, vediamo cosa hai da dissacrare oggi.

Nichilista (s.m.): *Un russo che nega l'esistenza di tutto, tranne di Tolstoj. Capo di questa scuola è Tolstoj.*

Dai, Ambrose, non sparare boiate.

Genuino (agg.): *Autentico, reale. Per esempio, genuina contraffazione, genuina ipocrisia, eccetera.*

Già meglio. Non hai qualcosa di speciale?, che stasera ce ne sarebbe proprio bisogno.

Fotografia (s.f.): *Dipinto realizzato dal sole nella totale ignoranza dei rudimenti dell'arte.*

Qualcosa di veramente speciale, volevo dire.

Chemisier (s.m.): *Non so cosa significa.*

Ecco. Adesso sì. Grazie.

9 settembre 2012

Erodoto

LE STORIE

"Che io mi ricordi, non hanno mai smesso di stare sul comodino o sulla scrivania. Intendo metterci una vita intera a finire di leggerle"

Intanto: il termine storie nasce lì. Non risulta che qualcuno l'avesse usato prima di Erodoto. Il quale, va detto, lo usava con un significato leggermente diverso da quello che usiamo noi: il termine greco che lui utilizzò (e da cui nacque il nostro *storia*), significava per lui *inchiesta*, *ricerca*: quello che lui amava fare, *indagare*. Aveva delle curiosità (ne aveva a palate) e indagava per cercare delle risposte. Era il prototipo del pignolo che non si accontenta delle spiegazioni del dépliant e alza la mano in continuazione chiedendo chiarimenti: che si trattasse delle maree del Nilo, delle guerre di conquista dei persiani o dei bizzarri costumi sessuali dei babilonesi, faceva poca differenza. Gli interessava tutto. Una sua frase, tra le tante, descrive bene il personaggio: "Volendolo sapere, domandai". Ti trovavi in viaggio con uno del genere, e ti sparavi.

Se, tuttavia, quel termine (storie) è diventato il nome che dice la bellezza e il frutto del raccontare, questo lo dobbiamo anche a lui, il viaggiatore pignolo: la distanza che c'è tra il verbale di un detective e il raccontare di un narratore iniziò a colmarla lui, trasformandosi da Sherlock Holmes a incantatore di serpenti. Perché se le sue curiosità erano maniacali e vagamente noiose, non lo era affatto il materiale che lui, assecondandole, accumulò. Chiedi alla terra spiegazioni, e quella tira fuori dei tesori che non ci credi: la prima lezione di Erodoto è questa. In un'epoca in cui immaginare domande era già più della metà dell'essere sapienti lui inventò la meraviglia e lo splendore delle risposte. Lo spettacolo delle risposte. Ne rimase abbacinato lui per primo, e poi seppe trasferire il suo stupore al suo pubblico. Ancora oggi, uno legge Erodoto e, ogni due pagine, prova l'istinto di girarsi verso il primo che ha a portata di mano e dirgli "No, dico, ma senti questa...". Per dire, ecco come risolvevano il problema del matrimonio gli Illiri (già il fatto che uno arrivi a interessarsi degli Illiri dà un'idea del talento del ragazzo). Dunque, schieravano le ragazze da marito in piazza, tutte, in ordine, dalla più bella alla più impresentabile. Poi iniziavano a mettere all'asta la più bella: chi offriva di più se la portava via. Il denaro veniva messo da parte. Quando si arrivava al medio-brutto, le offerte iniziavano a latitare. E c'era sempre il momento in cui, per la Gina, nessuno offriva niente. Allora si prendeva il denaro messo da parte e si iniziava a fare un'asta al contrario. Gina più conguaglio. Chi si accontentava del più modesto, la sposava. Se avevi la pazienza di aspettare l'ultima, e magari eri cieco, te ne partivi ricco sfondato. "Il denaro," annota compiaciuto Erodoto, "proveniva dalle ragazze belle, e così le belle procuravano il marito alle brutte e alle storpie". Sospendendo un attimo il raccapriccio per il maschilismo imperante (erano fatti così, e non c'è niente da fare), ci si può fare un'idea di ciò che Erodoto dava al suo pubblico: storie da raccontare.

Naturalmente sarebbe il caso di chiedersi: ma era *vero*? Gli Illiri facevano *veramente* così? E lì si apre il dibattito, perché Erodoto era pignolissimo, ma aveva anche molto senso dello spettacolo: ogni tanto gli piaceva bersi delle fandonie spaziali o pigliare cantonate pazzesche (altre volte invece mise in riga tutti i cacciaballe dell'epoca), e insomma era piuttosto ondivago su questa faccenda della verità: certo l'impressione è che dovendo scegliere tra una mezza falsità molto bella e una mezza verità noiosissima, non avesse dubbi. E questo ci fa intravedere l'aurora di una splendida debolezza che alla lunga avrebbe portato un termine che significava *indagare* a designare quel magnifico gesto, vagamente ruffiano, che è *raccontare storie*. Erano storie nel senso che intendiamo noi, e in fondo lui lo sapeva, e probabilmente gli piaceva così. (D'altronde abbiamo ragione di credere che lui, le sue storie, le leggesse davanti a un pubblico pagante, e questo, piaccia o no, chiarisce molto i termini della faccenda.)

Aggiungo che non saremmo ancora qui a leggerle, probabilmente, se a Erodoto non fosse riuscito il miracoloso gesto di scriverle come aria schietta del mattino, trasparenti, cristalline, veloci, pulite. Per me leggerle vale una cura disintossicante da qualsiasi altra narrativa. È la Fiuggi del lettore forte. Per dire, se sei reduce da una Christa Wolf, o da un Thomas Bernhard, con tutte quelle tossine in corpo, allora riprendi Erodoto, e mentre lasci scorrere il racconto di come gli Sciti svuotavano il cranio dei nemici sconfitti in battaglia e poi se lo tenevano sul tavolo, ecco tornare una sorta di leggerezza inaugurale, e affiorare l'impressione di un ritorno alle origini, dove ancora era tutto semplice e, in qualche modo, mai usato. Alle volte, ci vuole. Poi, ripartire, è uno scherzo.

16 settembre 2012

Agota Kristof

TRILOGIA DELLA CITTÀ DI K.

"Realizzato che non si trattava di Agatha Christie ma di Agota Kristof, mi sono arreso ai mille che non potevano credere non l'avessi mai letta"

Rinfrescatisi un po' con Erodoto, come detto, si può tornare ad affrontare anche i testi più impervi. Ad esempio questa *Trilogia della città di K.*, il libro più triste che io abbia mai letto. Ma triste non è la parola esatta, figlia com'è di una sfera sentimentale vagamente borghesuccia e per bene. Solo uno come me può definire *triste* la Kristof, mi rendo conto. Quindi vado oltre, o almeno cerco di farlo. La Kristof pronuncia l'orrore del mondo, la tragedia dell'esistere e la ferocia dell'umano. E in questo, per quello che ci capisco io, è la migliore. Non c'è nessuno come lei.

Va ricordato che una delle ambizioni che si ama attribuire alla letteratura sarebbe proprio questa: una maestria intransigente che si spinge nel cuore fetido del mondo e riesce a pronunciarlo. Per molti, nella sua accezione più alta, la letteratura è, o dovrebbe essere, questo. Una sorta di contronarrazione che smaschera la giuliva rappresentazione del mondo che altre narrazioni ci danno. Ma vorrei ricordare che un simile precetto è rispettato da moltissima alta letteratura con una non evidentissima ma innegabile approssimazione. Diciamo in modo piuttosto blando e conciliatorio. Ma te ne rendi conto solo quando incontri la Kristof: la leggi e molti libri che sono, indubbiamente, ferite aperte, o suturate con atroce dolore, sfumano a blando entertainment. È incredibile come tutto Céline diventi lo sfogo di un allegro barbone, se solo stai un po' a mollo nella *Trilogia della città di K*. Proust uno che aveva tempo da vendere, Salinger un innocuo scrittore per ragazzi e Faulkner un trombone sudista. Non lo sono, ma quando stai con la Kristof, lo sembrano. Perfino *La strada* di McCarthy (un libro il cui orrore è inarrivabile) finisce per risultarti intollerabile: se hai bisogno di liberare tutto quell'armamentario di ferocia e situazioni limite per pronunciare l'orrore dell'umano allora scrivere non è il tuo mestiere.

Ora la domanda è: come fa (faceva, ahimè) quella donna a ottenere un simile risultato assurdo? Immagino che la risposta sarebbe molto complessa, ma io ne conosco una fettina: ci riusciva perché scriveva in quel modo. Con un rigore inarrivabile. Con un controllo totale. Con una sicurezza di sé sconcertante (non becchi mai un aggettivo aggiunto lì per insicurezza). Con una forza invisibile. Con una fiducia incrollabile nell'esattezza delle parole semplici. Con un disgusto continuo per tutto ciò che non è strettamente necessario. Con un'idea monastica di bellezza. Per farvi un'idea, prendete le prime righe del terzo libro e leggete. Fate caso ai verbi. Il novanta per cento sono, semplicemente, il verbo essere. È, sono. C'è, ci sono. Ora provate a raccontare una qualsiasi storia, o a descrivere una situazione qualsiasi, usando praticamente solo il verbo essere. Vi regalo anche il verbo avere, se proprio non ci riuscite. Tanto l'esperimento non cambia: provate a dire il mondo con quei due verbi (tutta la storia letteraria potrebbe essere riassunta nell'affinamento tecnico con cui siamo riusciti a sostituirli). Pensate un racconto in cui sempre il verbo più esatto che potete trovare è il verbo essere: benvenuti nel mondo della Kristof.

Naturalmente si potrebbe tradurre tutto questo nel termine "freddezza", ma per come la vedo io la Kristof è la scrittrice che, anzi, ha smascherato definitivamente la freddezza come stilema letterario. Secondo me lei ha insegnato una volta per tutte che esiste effettivamente un processo possibile di sottrazione, nello scrivere, e che esso ha due risultati possibili: nei mediocri, la freddezza, nei grandi scrittori, la verità. (Va da sé che, vivendo in un mondo presidiato dai mediocri, le due cose risultano spesso, e tragicamente, equivalenti.) La Kristof era tutto tranne mediocre.

Il che, peraltro, introduce una domanda che ha a che vedere con quell'effetto verità che trasuda dalle sue pagine. La domanda è: ma è vero? Ma l'umano è davvero quell'orrore? Non sarà anche quella una proiezione letteraria, uno stilema, una forma di retorica ben camuffata? A essere cattivi come i suoi personaggi, la domanda te la devi fare. Ecco come risponde la Kristof: ci sono due umani uno di fronte all'altro e a un certo punto uno dice che lui scrive. Cosa?, chiede l'altro. Non ha importanza, dice il primo. Ma l'altro insiste: mi piacerebbe sapere se scrive delle cose vere o delle cose inventate. Ed ecco la risposta. "Le rispondo che cerco di scrivere delle storie vere, ma, a un certo punto, la storia diventa insopportabile proprio per la sua verità e allora sono costretto a cambiarla. Le dico che cerco di raccontare la mia storia, ma che non ci riesco, non ne ho il coraggio, mi fa troppo male. Allora abbellisco tutto e descrivo le cose non come sono accadute, ma come avrei voluto che accadessero." Ed ecco, in questo modo, enunciata una splendida teoria della letteratura. Scrivere libri significa puntare i piedi davanti alla verità, dopo averla vista. È la magnificenza di un passo indietro, animale e di danza. Ovviamente dovrebbe essere proibito a chi non dispone della paura e dell'eleganza necessarie.

23 settembre 2012

George L. Mosse

LE ORIGINI CULTURALI DEL TERZO REICH

"Se non lo leggi, mi dissero, del nazismo non capirai mai niente. Un po' troppo categorico, ma non così lontano dal vero"

Sarà anche banale, ma la domanda, pensando al nazismo, è ancora sempre quella: ma come è stato possibile? Com'è potuto succedere proprio nel cuore della vecchia, civile, raffinatissima e colta Europa? E soprattutto: come ha fatto a essere sinceramente nazista gente molto normale, di buon senso, medici da cui ti saresti fatto togliere senza problema le tonsille, vicini di casa che alle assemblee di condominio portavano la torta fatta nel pomeriggio, simpatiche domestiche a cui avresti affidato i tuoi figli senza neanche pensarci un attimo? Che razza di follia li aveva colpiti?

Il libro di Mosse dà una risposta a questa domanda, e io devo registrare il fatto che nessuna risposta, mai, mi è sembrata pacata, intelligente, credibile, come la sua. Se la dovessi riassumere brutalmente la pronuncerei così: non era una follia, era l'adesione appassionata a un'ideologia che, magicamente, componeva ideali e convinzioni che da un sacco di tempo erano in circolo nel sistema sanguigno della mentalità tedesca. Non era una *malattia* mentale, ma una *costruzione* mentale i cui ingredienti venivano da molto lontano. Per capire il nazismo bisogna capire quasi due secoli di menti tedesche.

Se uno lo fa, e Mosse l'ha fatto, scopre i tanti affluenti che, spesso senza saperlo, portarono acqua al fiume devastante del nazismo, venendo giù dalle vette o dalle colline della sensibilità tedesca: tutta la tradizione romantica, una certa vena mistica, le fantasticherie antico-germaniche, il culto della natura, certe bizzarre teorie su razze e destini, il nazionalismo patriottico cresciuto a dismisura nel lungo parto della Germania unita, l'istinto a trovare sicurezza nel sentirsi *un popolo* prima ancora che degli individui, la tentazione dell'antisemitismo, il culto per certe forme di élite dorata, la teorizzazione della gioventù come fuoco sacro dove ricomporre la purezza dell'esistere, Nietzsche e Hölderlin, il nudismo e il mito del paesaggio contadino, il culto della bellezza maschile e la passione per il canto polifonico: c'era già tutto, nell'incubatrice tedesca, e da un sacco di tempo. Ma va anche capito che ciascuna di quelle tessere, di per sé, non aveva affatto il nazismo come necessario e inevitabile epilogo: come biglie sul panno della Storia potevano rotolare un po' dappertutto. Quel che fece il nazismo fu infilarle tutte nella stessa buca, dando forma a un sintetico sistema mentale e poi politico che blindava tante passioni tedesche nell'ordine sferico di un unico proiettile di piombo. Per dire: Nietzsche – un pensatore in cui il nazismo trovò un sacco di legna da ardere – io, cinquant'anni dopo, l'ho studiato sui banchi dell'università come padre nobile del pensiero debole: giuro che era abbastanza di sinistra. Analogamente, va detto che molti dei protagonisti di quei movimenti di pensiero, se mai fossero vissuti *davvero* sotto il nazismo, sarebbero certamente finiti in galera o in esilio: in certo modo portarono i mattoni per la costruzione di una prigione che se li sarebbe facilmente ingoiati. Con questo non voglio dire che i tedeschi erano tutti buoni e che solo i nazisti erano cattivi: voglio dire "Guarda la meraviglia della storia della cultura, e come carambolano le idee, e che spettacolo straordinario è quello degli umani che seminano idee e passioni che poi qualcuno miete riempiendo i granai della Storia: spesso di cibo avvelenato".

Naturalmente, di fronte a questo spettacolo, qualcosa bisognerebbe imparare, tanto per evitare di rifare gli stessi errori. E qui è più complicato. Cosa si impara da Mosse? Cosa mette allo scoperto, lui, che possa aiutarci a non sbagliare la prossima volta? Io, personalmente, ho imparato una cosa, statistica: *tutti i movimenti di pensiero che, in un modo o nell'altro, finirono per comporre l'ideologia nazista nacquero come ribellione a una qualche modernità*. Nascevano tutti dall'idea che l'incursione di un repentino futuro stava svuotando l'umano dei suoi principali valori, strappandolo via dalla sua autenticità. Naturalmente l'idea non era idiota: in effetti spesso il progresso spinge l'uomo lontano da se stesso. Ma il tipo di reazione era molto meno condivisibile: l'istinto era quello di ripristinare una certa purezza dell'umano, mettendolo al riparo dalle mutazioni dettate dal tempo. Così, quello che alla fine mi è parso di imparare da Mosse è un verdetto che bisognerebbe prendere sul serio: fino a quando ancora sarà percepibile il riverbero dell'apocalisse novecentesca, dovrebbe essere categorico, per gli umani, non ripetere l'errore di inchiodarsi davanti alla modernità e di sospenderla nel tempo vuoto, e pericolosissimo, di un ritorno alle origini. L'ultima volta che ci siamo riscaldati al tepore di una simile utopia abbiamo combinato un disastro colossale. Non potremo certo fare di peggio, se solo accetteremo qualsiasi modernità come un campo aperto in cui mettere in gioco ciò in cui crediamo. Non un baratro davanti a cui fuggire, ma una mappa appena accennata, in cui sarà un privilegio trascrivere i nostri nomi, tutta la nostra storia e ogni bellezza che abbiamo conosciuto.

30 settembre 2012

Roberto Bolaño

2666

"Ne avevo sentito parlare in Spagna come di un libro leggendario. Quando finalmente l'hanno tradotto in italiano ho capito perché"

Quel che ricordo bene è l'SMS che un mio amico scrittore (Dario Voltolini, uno che tra l'altro scrive da dio) mi mandò qualche settimana dopo che gli avevo ingiunto di leggere *2666*. Ecco il testo: "Letto Bolaño. Cambiato mestiere". Difficile essere più esatti e concisi. In genere, se scrivi libri, leggere i libri dei contemporanei ti procura una certa autostima, talvolta ti stimola alla sfida, ogni tanto ti fa percepire amaramente i tuoi limiti: molto di rado ti schianta. Io, se si parla di scrittori viventi, questa brutta esperienza l'ho fatta solo due volte: con David Foster Wallace e con Bolaño. Adesso voi direte che quei due sono morti, e se ci atteniamo alla realtà avete ragione, ma mi permetto di catalogarli tra i viventi perché chi muore a libri ancora caldi non è morto davvero, o almeno così la penso io. Quindi, loro due. Che per molti versi mi viene sempre più da tenere vicini nella memoria, ma solo in parte per il loro destino mozzato, e piuttosto per un'altra caratteristica che li accomuna e li strappa fuori dal gruppo: la strafottenza. La dismisura. Lo sfoggio impudente di bravura. Nei loro libri migliori c'è molto di più di quello che sarebbe bastato a sancire la semplice verità che a loro, quel gesto, riusciva molto meglio che agli altri. Evidentemente non scrivevano per scalare classifiche, ma per scalare il proprio talento, che poi sarebbe l'unico modo giusto di fare la cose.

Adesso dovrei forse spiegare in cosa consista la

magnificenza di *2666* ma volentieri rimando la cosa per annotare quel che è utile sapere della sua genesi. Intanto, non chiedetemi perché si intitola così, nessuno lo sa. Lui lo sapeva, pare, ma neanche quello è sicuro. Seconda cosa, *2666* non è un libro, ma cinque libri. È una vicenda curiosa, uno di quei casi in cui lo scrittore si comporta come uno dei suoi personaggi (circostanza che fa molto godere i lettori e molto irritare gli scrittori). Agli inizi degli anni novanta, quando era più o meno quarantenne, Bolaño seppe che probabilmente non gli rimaneva molto da vivere (glielo dissero dei medici, non una chiromante in piazza Navona). Aveva una compagna e due figli. Così pensò bene di scrivere un po' di libri e di tenerli lì, da parte, perché uscissero uno per uno dopo la sua morte, così da mantenere la famiglia, nel tempo (un personaggio da romanzo di Bolaño, l'ho detto). Poi, in effetti morì, a cinquant'anni, nel 2003, e quel che successe è che i suoi eredi, letti i cinque libri, pensarono che erano un gesto solo, e decisero di pubblicarli tutti insieme, sotto un solo titolo, assumendosi una responsabilità non da poco. Il risultato è un unico romanzo che ne contiene cinque: il rapporto tra loro è evanescente, a volte chiarissimo, spesso inesistente. Una prossimità distante. Io, dico la verità, ne ho letti quattro su cinque. L'ultimo me lo sono tenuto da parte, un po' perché ero schiantato, come ho avuto modo di dire, e un po' perché tenerne uno per il futuro mi è parso un omaggio tardivo, ma sincero, alle intenzioni di Bolaño.

Mentre leggevo il primo, rapito, mi accadde che qualcuno mi chiedesse: di cosa racconta? Ricordo bene la mia risposta: non lo so, non è importante. Adesso ritorno a quella risposta e mi piacerebbe ricostruire il lungo percorso mentale che finii per raccogliere in sei parole, perché se ne fossi capace allora potrei dire di avervi spiegato in cosa consiste la bellezza di questo libro. Ma non è facile. Ricordo che il punto da cui partiva tutto era la prosa di Bolaño, divinamente fluida, eppure esatta oltre ogni dire: come se le cose, naturalmente, fossero destinate da sempre a diventare frasi. Nessuno sforzo apparente, nessuna frizione. Chiare, fresche, dolci acque: per pagine e pagine, collezionando grandi storie e minimi dettagli senza increspare praticamente mai il pelo dell'acqua. A quei livelli di limpidezza, il vero spettacolo diventa il disporsi delle storie una accanto all'altra, o dentro l'altra, con una mitezza che nella vita non risulta, e nei libri è sempre il risultato di un processo: lì invece era qualcosa che si sostituiva a qualsiasi processo: era un delizioso dato di fatto. Così, pur registrando che il libro era pieno di storie (rigurgitava, in modo strafottente, di storie, per dirla tutta) quando mi chiesero cosa raccontava risposi come potrebbe rispondere uno chino su un puzzle da duemila pezzi alla domanda: cos'è?, montagne svizzere o un Rembrandt? Non lo so più, non è importante. È il mite, morbido incastrarsi dei pezzi che è importante: è l'irragionevole promessa, mantenuta, che per ogni pezzo dell'esistente ce ne sono altri nati per stare accanto a lui, e per farlo con una morbidezza direttamente proporzionale alla fatica di trovarli nel gran mucchio del tutto.

Comunque, nel caso di *2666*, non si tratta né di montagne svizzere né di un Rembrandt. Credo che sia una cosa tipo *Il male*. Ma non ci giurerei. *Il male e la delizia dei viventi*, forse. O *Il male e il mistero dei viventi*. Insomma, non lo so, di preciso. Magari, il giorno che finirò il puzzle lo saprò. Nel caso, mi faccio vivo.

7 ottobre 2012

Victoria De Grazia

L'IMPERO IRRESISTIBILE.
LA SOCIETÀ DEI CONSUMI AMERICANA
ALLA CONQUISTA DEL MONDO

"Preso al volo, quando ho capito che qualcuno mi stava per spiegare come mai avevo imparato a leggere su 'Topolino'"

Magari per andare al cinema, ma una volta cercavo solo sei bicchieri da vino, e l'altro ieri un rastrello: si finisce in questi enormi centri commerciali che sono dei mondi, intubati in strutture architettoniche insignificanti, rutilanti di un'umanità mista, dalla felicità indecifrabile, dalla disperazione illeggibile. Come si sa, io detesto gli apocalittici da sofà, per cui mi spiace perfino un po' registrarlo, ma certo che davanti a quello spettacolo uno ha l'insopprimibile istinto a pensare a un disastro. Poi ci si ragiona su, e le cose vanno più o meno a posto: ma certo che, sulle prime, quel che uno finisce per chiedersi è quando diavolo ci siamo distratti e abbiamo permesso che tutto quello iniziasse. Che giorno era, precisamente.

Io ho letto *L'impero irresistibile* e quindi lo so. Il giorno no, ma l'anno sì. 1957. L'anno in cui un certo Richard W. Boogart iniziò a setacciare Milano in cerca del posto giusto per mettere su quella che, al momento, era un'utopia e, col tempo, divenne l'inizio di tutto: il primo supermercato europeo. Lui, Boogart, veniva dal Kansas, lavorava per Rockefeller, e, a casa sua, girava in Cadillac e cappello da cowboy. Milano se la girò a piedi o, quando andava bene, in 500. Lavorò come una bestia, lui e i suoi, per mesi, ma alla fine il suo supermercato riuscì ad aprirlo. Qualche anno, e sarebbe diventato il famoso Esselunga.

Ora, per comprendere a pieno la portata dell'evento, è necessario immaginare l'effetto che un supermercato poteva avere, ai tempi, in un mondo senza supermercati. Vi aiuto: nei supermercati ti prendevi le cose da solo. Era una cosa talmente assurda che per definirla bisognava usare un'espressione americana: *self service*. In teoria, era un passo indietro: invece che essere servito, dovevi fare da te, senza che nessuno ti spiegasse niente, spingendo pure un carrello: ancora un po' e ti facevano fare le pulizie. Non ti portavano la spesa a casa, non ti salutavano per nome, non sapevano i tuoi gusti. Quindi, sulla carta, una cavolata. Tuttavia i prezzi erano un po' più bassi, gli scaffali pieni di prodotti, la luce ben studiata, la disposizione delle merci piuttosto spettacolare. Il carrello scivolava bene sul pavimento pulito, e per qualche ragione che non capivi, ma che doveva risalire a qualche bella pubblicità o addirittura a un film americano visto una domenica, tu ti sentivi piuttosto figo, nello spingerlo, e improvvisamente così autonomo nel fermarti qua e non là, nel prendere questo invece che quello, e forse addirittura libero (sì, *libero*), un cittadino libero di scegliere quello che voleva, e capace di farlo. Fare la spesa diventava una specie di divertente esercizio di modernità, di intelligenza, di indipendenza e di democrazia.

Le cronache dicono che i primi tempi furono comunque difficili, perché gli italiani si dimostrarono più poveri e meno malleabili del previsto. Ma, rimpiccioliti i carrelli e aggiunti qua e là un settore gelati e una friggitoria, le cose iniziarono a marciare in modo inarrestabile. Richard W. Boogart pensò che ce l'aveva fatta quando, sulle ali dell'entusiasmo, un ospizio, a Firenze, portò sette ciechi a "vedere" un suo supermercato. Partita vinta. Da lì, la progressione fu inarrestabile: il primo ipermercato europeo è del '63 (un Carrefour in Francia); un anno dopo, in un posticino vicino a Francoforte, aprì il primo centro commerciale che non fosse sul suolo americano. E così si ritorna a me che vado a comprare sei bicchieri da vino, alla sensazione di disastro, ecc. ecc.

Si dirà: ma nessuno intuì i rischi della cosa? Anche su questo il libro della De Grazia è molto istruttivo. Quando Boogart aprì i suoi supermercati si trovò un sacco di gente contro. Molti difendevano i loro interessi (il macellaio dell'angolo), molti cercavano un tornaconto (tipico vezzo italiano) e molti intuivano le implicazioni ideologiche, cioè l'avanzata silenziosa del modello culturale americano (i comunisti, che allora in Italia erano tanti). Tuttavia, nessuno riusciva a trovare degli argomenti davvero convincenti contro i supermercati. I comunisti, che pure erano abili in quel genere di cose, non riuscirono a trovare niente di meglio che denunciare come, non facendo credito, i supermercati discriminassero i più poveri, quelli che dal pizzicagnolo pagavano quando potevano: un po' poco per fermare la marea della modernità. Così, l'assurda idea del supermercato si rivelò una mossa per cui non c'erano risposte, e alla lunga una delle mosse che portarono gli Stati Uniti a vincere la partita culturale ed economica che si giocarono con noi sulla scacchiera dell'Europa. Quella partita è ormai scritta nella storia, e ripercorrerla, come fa questo libro, significa capire come l'invenzione dei Rotary, della lavatrice, dei detersivi, del western, della pubblicità e del 3x2 siano solo pezzi bianchi manovrati da una specie di giocatore invisibile, che tuttavia sapeva cosa stava facendo, e che non si sarebbe fermato fino a quando non avrebbe vinto.

Che poi abbia vinto *davvero*, be', questa è un'altra storia.

14 ottobre 2012

Dario Voltolini

LE SCIMMIE SONO INAVVERTITAMENTE USCITE DALLA GABBIA

"Letto e riletto, sempre senza sapere cosa stavo facendo, ma con la certezza che lo sapesse lui"

Oh, la fragilità di questo libro. Non devo guardarlo troppo, se no sparisce. Scriverò due frasi alla volta, poi pausa: non vorrei incenerisse.

Ogni tanto lo scrivere è così, si arresta un soffio oltre il nulla, e in quel bordo raccatta le briciole che rotolano giù dalla tovaglia colorata dove le cose sono, rumorose e certe. Ma si potrebbe anche dire: a volte lo scrivere si arresta sul bordo del fiume, e sdraiato lì, un po' pigro un po' astuto, lascia che sia l'acqua a portargli le cose rumorose e certe, dopo che hanno mancato la vita. Questo libro, dal titolo lungo e il respiro breve, è una cosa e l'altra. Prima che sia troppo tardi, lo voglio infilare in questa catena di libri cui devo gratitudine, perché tra tanti energumeni dello spirito e muscolari dell'anima, non potrei tollerare che mancasse un po' di bellezza fragile, indigente: che idea di mondo sarebbe, se no? Non la mia.

Tanto per cominciare è mezzo bianco. Niente di avanguardistico, è che Voltolini (sì, quello di "Letto Bolaño. Cambiato mestiere") va a capo ogni poche parole, a volta anche due, una, per cui il libro risulta come in versi, e quindi mezzo bianco. Ma non è una poesia, vi prego di credermi, non c'entra molto con la poesia. La poesia ha comunque una sua forza devastante (quando vale qualcosa), invece qui è solo il passo millimetrico del vecchietto curvo che risale il marciapiede, è lo sguardo lento del bambino che fissa un albero, sono le scarpe lucide di un ballerino di tango al *ralenti*. Dice le cose, e le dice in quel modo, per 177 pagine, e senza un solo segno di punteggiatura: solo quell'andare a capo. La prima parola ha la maiuscola. Non c'è un punto dopo l'ultima.

Così è una specie di lampo lentissimo, senza prima né poi. Quando nella notte, guidando, incroci un animale che si blocca, in mezzo alla strada, per un attimo ti fissa, gli occhi metallici nella luce dei fanali, e poi scompare.

Sì, va bene, ma di cosa diavolo parla, direte? Giusto. Di tutto, mi verrebbe da dire, ma posso essere più preciso. Di barbieri, fisarmoniche, sottaceti, lucciole, zanzare, falegnami, autostrade, mercati, trattorie, sassetti incastonati nell'asfalto. Di Milano, di un circo. A un certo punto c'è anche Arbasino. È un *tutto* molto particolare che saprei solo spiegare così: se ogni tanto vi è accaduto (succede per lo più per stanchezza) di scivolare via dalla lettura del mondo, dallo sforzo quotidiano e necessario di leggere il mondo come fosse un testo da capire, allora sapete cosa significa vedere scivolare lontano qualsiasi senso complessivo, e magari sapete qualcosa di quell'improvviso sollievo che si prova – quasi una felicità – a vedere appoggiate davanti a voi, senza ormai scopo apparente, le lettere del mondo – non le parole, non le frasi – *le lettere*. Sono momenti in cui il riflesso in una pozzanghera, come ha insegnato Salinger, può significare molto. Prendete quelle lettere, posatele su fogli bianchi, poche alla volta, e, se sapete scrivere come Voltolini, scriverete un libro come questo, ammesso che la cosa possa interessarvi.

Il cui saper scrivere (di Voltolini) è anch'esso difficile da definire, ma ad esempio potrebbe essere un punto di partenza il ripetere che non c'entra con lo scrivere della poesia. Lui riesce a stare un passo oltre il dire puro e semplice, e un passo prima dell'acrobazia poetica. Lì in mezzo c'è una forma di bellezza che è di pochi, e anche per quei pochi è una specie di esito provvisorio, inanellato tra un fallimento e l'altro:

tanto è precario il suo stare. Non mi va di fare esempi, ma è certo che a pagina 133, dove per slittamenti invisibili si è pervenuti in un ufficio postale, passa una ragazza che, direi io, *ha gli occhi a mandorla*. Un poeta, dal canto suo, troverebbe sicuramente un'espressione bellissima per sostituire alla semplicità rudimentale delle cose il talento sublime del suo linguaggio. Tra me e il poeta, lì in mezzo, sta Voltolini. "...ma dietro un carrello carico di scatoloni / una ragazza con i pantaloni attillati / spinge e strattona / ha occhi copiati da una mandorla e nello sforzo semiassente / le rimane chiusa la bocca minuta come un pistacchio..."

Alle volte slitta in un'altra forma di scrittura celibe, quella delle canzoni. Sarò pazzo, ma ogni tanto leggo Voltolini e le parole si cantano da sole. "...fare l'amore a Genova / è un atto di umiltà / con tutto quel mare che si versa sulla terra / con tutta la terra che scende nel mare / dalla finestra si vedono passare / a pochi metri le automobili sospese." Io già gli darei il Premio Tenco. Altre volte lo beccano incomprensibili furori e allora parte in invettive irresistibili, "...avete vissuto vite senza sostanze / avete fatto cose senza senso / e vi piacevate / vi inorgogliva sentirvi un po' abbandonati / un po' fuori dal giro un po' originali / tutto in minime quantità / sprecavate pomeriggi in case / vuote facendo ululare la Fender Stratocaster / chissà cosa pensavate di fare / di essere / niente eravate niente avete fatto...", chissà cosa lo prende, non si sa, ma è un attimo, poi torna a fissare le lettere del mondo, mitemente, una per una, "...un albero carico di limoni fa ombra sulla sedia lasciata nel cortile / una sfera d'aria è impigliata nelle foglie...". È fatto così, e non c'è nulla che si possa fare a riguardo.

Oddio, magari leggerlo, ecco, quello sì.

21 ottobre 2012

Anka Muhlstein

NAPOLEONE A MOSCA

"Come si sarà capito, adoro i libri sulle sconfitte. Certo non potevo trascurare la mirabile disfatta del più grande tra i vincitori"

Questa storia ha duecento anni esatti. Mi rendo conto che bisogna glissare sulla marea di sofferenze che è costata a umani come noi, ma resta il fatto che come vicenda è, da un punto di vista narrativo, magnifica: questo libro la racconta benissimo, e per tutti è una bella occasione di scoprirne l'indimenticabile profilo.

A invadere la Russia, Napoleone ci finì, con 400.000 uomini, per schiantare gli inglesi. Non era un ragionamento molto lineare, e infatti pochissimi lo capirono. D'altronde non avevano le idee molto più chiare quelli che marcirono nelle trincee della Prima guerra mondiale, o i caduti del Vietnam. Le partite tra i potenti alle volte sono così raffinate da diventare assurde: macelleria surreale.

Partirono, comunque, e lo spettacolo doveva essere accecante: per capirsi, tra gli ufficiali c'era chi si portava dietro la cristalleria, e centomila erano i capi di bestiame che scolavano miti dietro alla grande colonna, come una sorta di dispensa mobile. Il resto ve lo potete immaginare. Napoleone, lui, era piuttosto sobrio: ma, per dire, si portò dietro una bibliotechina da viaggio di tremila volumi. Dato che era un fanatico dei dettagli si era fatto stampare tutto su carta molto leggera e margini piccolissimi. È così che diventi il padrone del mondo.

Varcarono il confine il 22 giugno 1812: erano tantini, e visto che il confine era rappresentato da un fiume, ci misero tre giorni. Davanti a loro c'era un paese sterminato, che non conoscevano e di cui non esistevano neppure delle mappe decenti. Ma fin qui, tutto sommato, era una cosa accettabile. Quel che li lasciò secchi è che quel paese era vuoto. Se n'erano andati, tutti. Questa sì, era una cosa che non conoscevano: era una mossa che non avevano mai visto fare.

Per la cronaca, quel 22 giugno, lo zar Alessandro era occupato in una festa da ballo in un grazioso castello nei dintorni di Vilnius. I suoi generali, per cui combattere contro Napoleone era una cosa simile a giocare contro il Barcellona di Guardiola, avevano optato per una soluzione interlocutoria: prendere tempo, e organizzarsi. Così i 400.000 di Napoleone, pronti a sfondare la porta di ingresso alla Russia, trovarono la porta aperta: e la casa vuota. Vuota davvero: non solo non c'era un esercito ad aspettarli, ma neppure la gente. Tutti spariti.

Così si misero ad avanzare, piuttosto interdetti, in un deserto: devastati dall'estate russa, fatta di sole rovente e acquazzoni biblici. Non trovavano acqua, non trovavano cibo, non capivano cosa stava succedendo, e soprattutto non riuscivano a trovare nessuno con cui menar le mani. Come ben sapeva Napoleone, gli eserciti, e soprattutto i suoi, sono animali che vivono nella lotta e deperiscono nell'attesa: un esercito che non combatte è un esercito che sta perdendo. Prima della fine del mese, Napoleone contò le perdite e si rese conto che gli stessi uomini li avrebbe persi se avesse combattuto ogni giorno. Girava male.

Dovettero aspettare il 27 luglio per vedersi di fronte, finalmente, l'esercito russo schierato. Si erano appostati su un altopiano, a difesa della cittadina di Vitebsk. I francesi li guardarono, da lontano, e in quel modo i bambini guardano i regali di Natale, ancora impacchettati. Napoleone passò la giornata a curare ogni particolare della battaglia. I suoi soldati ritrovarono in un amen tutto l'ardore per cui erano famosi e temuti. Andarono tutti a dormire in odore di gloria.

La mattina si svegliarono, di buon'ora, e i russi erano spariti. Nella notte avevano lasciato i fuochi accesi e se n'erano andati. Fu impossibile perfino capire in che direzione fossero andati: non si erano lasciati dietro niente, né tracce, né persone da interrogare. Svaniti nel nulla.

Non è una partita affascinante? Be', sappiate che queste sono solo le mosse d'apertura, il bello è ancora tutto da venire. Napoleone la giocò trovandosi di fronte un giocatore invisibile le cui mosse erano incomprensibili. Non era facile neanche capire se quella guerra la stava vincendo o perdendo. La decisione che ripetutamente dovette prendere fu se fermarsi e dichiararsi vincitore, o continuare ad avanzare fino a che lo zar non si dichiarasse sconfitto. Sapeva che qualsiasi cosa avesse deciso, doveva deciderla in fretta perché l'inverno russo lo aspettava, come una trappola micidiale. Intorno a lui aveva solo gente che riteneva una follia andare avanti, e che mai si sarebbe tirata indietro se lui avesse deciso di essere folle. Mi riesce difficile immaginarmelo nella sua tenda, chino sulla scacchiera. Ma conosco uno dei suoi princìpi, che ho sempre trovato, nella sua semplicità, geniale: non esistono piani giusti e piani sbagliati e non esistono regole migliori di altre. Esistono piani che vincono, e quelli stabiliscono le regole che gli altri, ingenuamente, adotteranno come regole giuste.

Applicate alla vita quotidiana, e scoprirete che non aveva affatto torto.

28 ottobre 2012

Beppe Fenoglio

LA PAGA DEL SABATO

"Scoperto per caso, quando ero convinto di avere già letto tutto Fenoglio. Una folgorante sorpresa"

Ogni tanto, quando giro per il mondo, accade che mi chiedano chi sono per me i grandi della letteratura italiana. Si aspettano di sentirsi dire Calvino, perché la cosa li rassicura. Io, per perfidia, Calvino non lo cito mai, e al posto dico: be', naturalmente Fenoglio. Mai una volta che ne abbiano sentito parlare. Proprio non sanno chi sia. Si fanno ripetere il nome mille volte. La prendono per una mia stranezza.

Lui, invece, grande lo era davvero, e il fatto che perfino in Italia la cosa sia nota solo fino a un certo punto è probabilmente la conseguenza del tipo che era, della sua strana vicenda editoriale, e della sua inesorabile piemontesità. Visse arroccato in un angolo del Piemonte, mai combattivo riguardo ai propri destini, sproporzionatamente dignitoso nel suo fare. Raccontava cose scomode, non prendeva volentieri il treno per Roma, e morì troppo presto. Gente con la metà del suo talento, adesso è sui libri di scuola. Sono cose che succedono.

I più sanno del *Partigiano Johnny*, ma probabilmente il meglio che lui ha scritto è in alcuni suoi racconti, e forse nel romanzo breve *Una questione privata*. Poi c'è una piccola setta che segretamente sa come stanno realmente le cose: il vero gioiello è *La paga del sabato*. Libro poco conosciuto, addirittura assente nella raccolta fatta dalla Pleiade. Vittorini, boss dell'Einaudi, pensò bene di bocciarlo consigliando Fenoglio di ricavarne un paio di racconti. Inspiegabilmente Fenoglio ringraziò del consiglio e ubbidì. Così *La paga del sabato* è finito in una specie di binario morto, dove mi ci è voluto un bel po' per scoprirlo. Ricordo di averlo iniziato senza particolari attese, giusto contento che ci fosse qualche rimasuglio fenogliano da scoprire ancora: e invece era il libro perfetto.

Troppo cinematografico, aveva sentenziato Vittorini (era il 1950). Vedi come è strana l'intelligenza. Ci aveva visto giusto, ma non gli era passato per la mente che proprio il meticciato con il cinema era quello che stava disarcionando la letteratura da se stessa, come ormai avevano insegnato gli americani. La verità è che all'inizio degli anni cinquanta Fenoglio faceva, con naturalezza, il tipo di letteratura che, trent'anni dopo, sarebbe diventata la nuova letteratura italiana. Era maledettamente avanti. Ma, come i veri profeti, era anche sontuosamente antico, con quella sua lingua dura, arcaica, petrosa, velatamente dialettale. Faceva cinema, ma un cinema nebbioso, contadino, e scettico. Raccontava rapido, inquadrava da dio, scriveva dialoghi degni di un Hemingway, ma il tutto con una grammatica spigolosa, una voce arcaica, e una musica da balera autunnale e lontana. Era il futuro e il passato, simultaneamente, era città e campagna, alba e tramonto: una cosa che riesce a pochissimi.

Nella *Paga del sabato* raccontò la storia di uno di quelli che, giovanissimi, erano tornati dalla Resistenza, e nella vita normale non si erano trovati più. Disadattati. (Immagino che non fossero così contenti, ai tempi, di farsi raccontare storie del genere.) Oggi, a bocce ferme, è più facile riconoscere quel che di eterno, lì, Fenoglio raccontava: la frizione fatale tra l'infinito dell'immaginazione – della voglia, della speranza, della giovinezza, della fame – e la sterilità del mondo reale. Mi è molto chiaro che lui poteva farlo con quell'esattezza e quella poesia perché era piemontese. Vi farà sorridere, perché la piemontesità è un mito non pervenuto, ma noi che siamo nati lì sappiamo come a quella terra e alla sua gente è stata data in dote una conoscenza inusuale di cosa sia il dolore: giacché da nessuna altra parte, in Italia, si eredita di padre in figlio la stessa miscela di timidezza e ribellione, di coraggio e modestia. Il mix è micidiale: siamo goffi al cospetto della felicità, e dignitosi nelle avversità: così manchiamo lo spettacolo della vita, spesso, ma ne rispettiamo la dignità come pochi altri. Ciò fa di noi gente sfumata, spesso destinata ai titoli di coda. Se da tutto questo traiamo un privilegio, questo è probabilmente un certo sguardo d'acciaio e dolcissimo sul dolore, una specie di confidenza. Fenoglio è quello sguardo, lo è in ogni singola riga, e lo è con una precisione e una maestria che io non riconosco a nessun altro.

(Be' siamo anche meravigliosamente arroganti, con misura, e assurdamente severi, con arte. Ettore, si chiama il protagonista della *Paga del sabato*. Verso la fine lo abbaglia una speranza, una specie di sogno provinciale ma luminoso, vede un distributore, lungo la strada, in mezzo alla campagna, una pompa di benzina, nulla di più. Ma lucida, brillante. Allora si ferma, la guarda, fa due conti, vede un futuro. Lui e la sua pompa di benzina. Un sogno. C'è un amico con lui, e anche lui si scalda, all'idea, e allora va lungo con l'immaginazione, e dice come sarebbe bello mettere su anche una tavola calda, accanto al distributore, come quelli che si vedono nei film americani, il distributore e la tavola calda. Non sarebbe fantastico?, dice.

La risposta di Ettore è lunga mezza riga. La mia terra è tutta lì.

"No. Niente puzza di fritto nel mio distributore".)

4 novembre 2012

Charles Darwin

AUTOBIOGRAFIA

"Trovato, usato, in una bancarella, per caso. Ma non credo che il caso esista quando si prendono libri alle bancarelle"

Come dicevo cinquanta libri fa, scrivere dei libri che ami è un modo di scrivere di te stesso, di come stai al mondo, e per questo mi è grato concludere questa allegra carrellata con un'autobiografia, senz'altro la più bella che io abbia letto in questi ultimi dieci anni. A scriverla fu Charles Darwin nel 1876, cioè sei anni prima di morire e sessantasette dopo essere nato. La scrisse mettendosi al tavolino, ogni giorno, per un'ora, il pomeriggio: metodico. Non intendeva lasciarsi andare, nella luce del proprio tramonto, al valzer dei sentimenti e dei ricordi: semplicemente si chinò sulla propria vita come avrebbe potuto fare su un lichene, e ne diede conto. Nello stesso modo con cui avrebbe studiato le squame di una carpa del Borneo (invento) mise in fila le tessere della sua vita, registrando costanti e anomalie, senza alcuna enfasi emotiva, ma sempre con l'affettuosa cura che lo scienziato riserva ai propri oggetti di studio. Il risultato è una prosa pacata e dolce, talvolta infantile, mai inelegante, sempre precisa: vorrei comunicarvi ufficialmente che se mai vi accadesse di parlare di voi stessi con quel tono lì, e di farlo con assoluta naturalezza, in quel momento sarete salvi.

Del suo incomparabile lavoro di scienziato diede una definizione che io trovo meravigliosamente sintetica e pulita: "Fin dalla prima giovinezza ho concepito un vivo desiderio di capire o di spiegare tutto ciò che osservavo, cioè di raggruppare tutti i fatti sotto leggi generali". Tutto sommato si tratta dell'uomo che sbugiardò il Padreterno, e quindi una certa enfasi se la sarebbe anche potuta concedere. E invece no: con lo stesso tono avrebbe potuto scrivere "Fin dalla prima giovinezza ho concepito una viva avversione per il cavolo verza, non potendolo digerire o metabolizzare senza pesanti effetti secondari". E in effetti con lo stesso tono scriveva di tutta la sua vita, anche dei momenti incandescenti: "Desidero dedicare alcune pagine a mio padre che fu per molti aspetti un uomo notevole". E due pagine dopo: "Non credo di essermi avvantaggiato molto, intellettualmente, dalla sua vicinanza; ma dal punto di vista morale il suo esempio ha certo insegnato molto a tutti noi figli". Era uno che poteva riassumere così una delle più difficili prove dell'esistere, cioè avere un padre.

In un'altra pagina, che adoro, si attardò a registrare come la passione per il lavoro scientifico, col tempo, avesse finito per sottrargli quella certa sensibilità artistica che, pure, da giovane aveva. "La mia mente sembra diventata una specie di macchina per estrarre delle leggi generali da una vasta raccolta di fatti, ma non riesco a capire perché ciò debba aver causato l'atrofia di quella parte del cervello da cui dipende il gusto estetico." Mi piaceva Shakespeare, dice, mi ricordo distintamente che da giovane mi piaceva da matti Shakespeare: adesso mi sembra una palla colossale ("lo trovo così insopportabilmente pesante da trarne disgusto," sono le parole esatte). Se vivessi un'altra volta, conclude, mi costringerei a leggere poesia e ascoltare musica almeno una volta alla settimana, così rimarrei capace di gustarmele, come adesso invece non so fare. Dopo di che stacca una frasetta che detta da me varrebbe niente, ma quello è Darwin, detta da lui io la trovo irresistibile, nel suo candore, nella sua semplicità: "La perdita di questi gusti è una perdita di felicità".

Sulla sua vita privata dice poco o nulla, e quella è un'altra lezione da imparare. C'è giusto un piccolo capitolo, sul suo stile di vita, due paginette, e sono tra quelle che amo di più. "Poche persone hanno fatto vita più ritirata della nostra." Ma è la spiegazione, che mi colpisce: "Nel primo periodo della nostra residenza frequentavamo un po' la società e ricevevamo amici, ma la mia salute risentiva quasi sempre di questa eccitazione, tanto che sopravvenivano un violento tremore e attacchi di vomito". Ora, solo un naturalista, ovviamente, poteva annotare nella sua autobiografia l'entità esatta del tremore che lo coglieva quando vedeva gli amici, senza soffermarsi sull'enormità della cosa. Per Darwin era una semplice questione di causa effetto, emozione-tremore, e non lo sfiorava nemmeno l'idea che un uomo costretto a vivere isolato perché quando vede gli amici si emoziona fino a vomitare è una storia di sconcertante dolore, non un semplice automatismo della natura: è una cosa che ci puoi scrivere un libro: lui le dedicò quattro righe. E stava parlando di se stesso, di anni di solitudine, di un numero disarmante di serate passate nel silenzio e nell'isolamento, santocielo. Quattro righe. Più tre: "Perciò fui costretto a rinunciare per molti anni a tutti i pranzi, non senza risentire di questa privazione perché tali riunioni mi mettevano sempre di buon umore". Struggente.

(Mi chiedevo con che parola avrei terminato questa avventura lunga un anno, e adesso mi ritrovo questo *struggente*. Non so. Non è male ma certo, che so, *lavandino* o *riflesso* mi sarebbero piaciuti di più. Più leggeri, ecco. Anche *lontano* ci sarebbe stato bene. O *bianco*.

Ecco una cosa che non si riesce mai bene a controllare: cosa rimane per ultimo, a galla, quando ciò che fai è stato fatto, e ciò che resta è il meritato sollievo di una qualche *fine*.)

Indice

9   Prologo

13   Open. La mia storia *di* Andre Agassi
13 novembre 2011
16   Le radici del Romanticismo *di* Isaiah Berlin
20 novembre 2011
19   Olive Kitteridge *di* Elizabeth Strout
27 novembre 2011
23   American Dust *di* Richard Brautigan
4 dicembre 2011
26   Esercizi spirituali e filosofia antica
di Pierre Hadot
11 dicembre 2011
29   Il medico di corte *di* Per Olov Enquist
18 dicembre 2011
32   Fantozzi totale *di* Paolo Villaggio
8 gennaio 2012
36   Democrazia: cosa può fare uno scrittore?
di Antonio Pascale e Luca Rastello
15 gennaio 2012
39   La donna nel XVIII secolo *di* Edmond
e Jules de Goncourt
22 gennaio 2012
42   Go down, Moses *di* William Faulkner
29 gennaio 2012
45   Anatomia di un istante *di* Javier Cercas
5 febbraio 2012

49 Le api e i ragni. La disputa degli Antichi e dei Moderni *di* Marc Fumaroli
12 febbraio 2012

52 Magellano *di* Stefan Zweig
19 febbraio 2012

55 Storia delle idee del calcio *di* Mario Sconcerti
26 febbraio 2012

59 La principessa sposa *di* William Goldman
4 marzo 2012

62 Vergogna *di* J.M. Coetzee
11 marzo 2012

65 Nessun luogo. Da nessuna parte *di* Christa Wolf
18 marzo 2012

68 La guerra del Peloponneso *di* Donald Kagan
25 marzo 2012

72 La trilogia Adamsberg *di* Fred Vargas
1 aprile 2012

75 La famiglia Aubrey – Proprio stanotte – Rosamund *di* Rebecca West
8 aprile 2012

78 Bangkok *di* Lawrence Osborne
15 aprile 2012

81 Divina. Suzanne Lenglen, la più grande tennista del mondo *di* Gianni Clerici
22 aprile 2012

84 Il Gattopardo *di* Giuseppe Tomasi di Lampedusa
29 aprile 2012

87 La casa delle belle addormentate *di* Yasunari Kawabata
6 maggio 2012

90 Padre Pio. Miracoli e politica nell'Italia del Novecento *di* Sergio Luzzatto
13 maggio 2012

93 Tutti i racconti western *di* Elmore Leonard
20 maggio 2012

96 Il Partenone *di* Mary Beard
27 maggio 2012

	99	La ragazza che fa a pugni con l'ombra *di* Inka Parei *3 giugno 2012*
	102	L'opera struggente di un formidabile genio *di* Dave Eggers *10 giugno 2012*
✓	106	Breve storia della vita privata *di* Bill Bryson *17 giugno 2012*
✓	109	La pelle *di* Curzio Malaparte *24 giugno 2012*
✓	112	Discorso sul metodo *di* Cartesio *1 luglio 2012*
✓	115	Glenn Gould e la ricerca del pianoforte perfetto *di* Katie Hafner *8 luglio 2012*
✓	118	Colazione da Tiffany *di* Truman Capote *15 luglio 2012*
✓	121	Wolf Hall *di* Hilary Mantel *22 luglio 2012*
	124	La cultura dei vinti *di* Wolfgang Schivelbusch *29 luglio 2012*
✓	127	Tempi difficili *di* Charles Dickens *5 agosto 2012*
✓	130	Melancholia *di* Jon Fosse *12 agosto 2012*
✓	133	Il cortigiano e l'eretico. Leibniz, Spinoza e il destino di Dio nel mondo moderno *di* Matthew Stewart *19 agosto 2012*
✓	136	Chesil Beach *di* Ian McEwan *26 agosto 2012*
	139	Il dizionario del diavolo *di* Ambrose Bierce *2 settembre 2012*
✓	142	Le Storie *di* Erodoto *9 settembre 2012*
	145	Trilogia della città di K. *di* Agota Kristof *16 settembre 2012*
	148	Le origini culturali del Terzo Reich *di* George L. Mosse *23 settembre 2012*

| | 151 | *2666 di* Roberto Bolaño
30 settembre 2012 |
| | 154 | L'impero irresistibile. La società dei consumi americana alla conquista del mondo *di* Victoria De Grazia
7 ottobre 2012 |
| | 157 | Le scimmie sono inavvertitamente uscite dalla gabbia *di* Dario Voltolini
14 ottobre 2012 |
| | 160 | Napoleone a Mosca *di* Anka Muhlstein
21 ottobre 2012 |
| | 163 | La paga del sabato *di* Beppe Fenoglio
28 ottobre 2012 |
| | 166 | Autobiografia *di* Charles Darwin
4 novembre 2012 |